간절히
그렇다고 생각하면
반드시
그렇게 된다

Creative Visualization
Copyright © Shakti Gawain
Originally published in 2002 by New World Library, USA.
Korean translation rights arranged with New World Library, USA
and BookThink, Korea through PLS Agency, Korea.
Korean edition published in 2015 by BookThink, Korea.

이 책의 한국어판 저작권은 PLS를 통한
저작권자와의 독점 계약으로 북씽크에 있습니다.
신저작권법에 의해 한국어판의 저작권 보호를 받는 서적이므로
무단 전재와 복제를 금합니다.

간절히
**그렇다고
생각하면**

—— **샥티 거웨인** 지음 · **박윤정** 옮김 ——

반드시
그렇게 된다

씽크북

프롤로그

서른 살,
저는 진정한 내 일을
찾고 있었습니다.

이 책을 처음 출간한 후 이렇게 많은 시간이 흘렀다는 사실이 믿기지 않습니다.

당시 저는 서른 살이었고, 살아가면서 천직으로 삼을 일을 찾고 있었습니다. 오랫동안 삶의 목표와 진정한 의미를 발견하기 위해 동양철학과 서양심리학을 탐구하는 데 전념했습니다. 이 책에 제시한 방법들은 실제로 제 의식과 삶의 방식에도 깊은 영향을 미쳤습니다.

저는 중요한 깨달음을 얻고 나면 누군가에게 말하지 않고는 못 배기는 성격입니다. 그래서 사람들에게 충고하고, 소그룹을 이끌고, 워크

숍을 진행했습니다. 그러면서 개인적인 문제를 해결하고 의식을 확장시키는 데 도움이 된 개념과 훈련 방법들을 사람들에게 가르쳤습니다. 그러던 중 이러한 경험을 소책자에 담으면 학생들을 가르칠 때 유용하게 쓸 수 있겠다는 생각이 떠올랐습니다.

책을 쓰면서 창의적인 열정과 회의가 교차하는 것을 느꼈습니다. "내가 뭐 대단한 사람이라고 삶을 충만하고 행복하게 만드는 방법을 전하는 책을 쓴단 말인가? 전문가도 아니고, 내 삶이 완벽한 것도 아닌데 말이야."

그럴 때마다 친구 마크 앨런이 갈등에서 헤어 나오게 도와주고, 오직 창조적인 작업에만 전념하게 격려해주었습니다. 우리는 출판에 관한 지식도 거의 없었고, 돈도 없었지만 책을 출간하기로 결정했고, 어쨌든 책을 출간해서 몇몇 서점에 배포했습니다.

그 다음부터는 여러분들이 아시는 대로 일이 진행되었습니다. 독자들이 이 책을 좋아해 주었으며, 입소문을 타고 책이 팔려나갔습니다. 몇 년 안지나 베스트셀러가 되었고, 오늘날까지도 전 세계에서 꾸준히 인기를 끌고 있습니다. 저는 이 책이 인기를 끈 원인이 짧고 단순하고 실용적이며, 독자들이 즉각 효과적으로 응용할 수 있는 기법을 담고 있기 때문이라고 생각합니다.

구체적이고 심각한 문제에 처한 사람들에게 이 책이 큰 도움이 되었다는 편지를 수천 통이나 받으며 매우 큰 보람을 느꼈습니다. 이렇게나마 사회에 기여할 기회가 주어진 것에 감사합니다.

이 책 덕분에 제가 하는 일도 순조롭게 꽃을 피웠습니다. 여러 해 동안 세계 곳곳에서 워크숍을 이끌었으며, 다른 책도 몇 권 출간했습니다. 독자들에게 그런 것처럼, 제게도 이 책은 삶의 방법을 깨우치는 데 도움이 되었습니다.

개정판을 낼 때가 되었지만, 많은 부분을 수정하지는 않았습니다. 요점을 명료하게 하고 개념을 깊이 있게 다듬는 등 일반적인 수정 작업만 했습니다. 이미 초판본을 읽은 분이라도 변화를 한번 즐겨보기 바랍니다. 이 책을 처음 읽는 분들에게는 마음과 영혼이 갈망하는 모든 것을 이루는 데 도움이 되었으면 좋겠습니다.

독자분들에게

이 책을 출간하기로 결심한 이유는, 제가 경험을 통해 배운 것들과 살아오면서 느낀 즐거움들을 다른 사람들과 나눌 가장 좋은 방법이라고 생각했기 때문입니다.

저는 결코 제가 '창조적 시각화' 분야의 전문가라고 생각하지 않습니다. 아직도 창조적 시각화를 배우고 있는 학생일 뿐입니다. 그리고 배우면 배울수록, 이용하면 할수록, 창조적 시각화의 잠재력이 엄청나다는 사실을 깨닫습니다. 정말 이것은 우리의 상상력만큼이나 창조적입니다.

이 책은 창조적 시각화를 배우고 이용하기 위한 워크북 혹은 입문서라고 할 수 있습니다. 이 책의 내용 가운데 독창적인 생각은 극히 일부분에 지나지 않습니다. 제가 개인적인 훈련을 통해 터득한 가장 실용적이고 유용한 생각과 기법들을 종합한 것이기 때문입니다.

이 책에는 실용적인 기법들이 다양하게 실려 있습니다. 이런 기법들은 한꺼번에 즉시 시도하기보다는 차근차근 실행해보는 편이 좋습니다. 천천히 책을 읽고 훈련 방법들을 따라 해보면서 깊숙이 들어가 보기를 바랍니다. 그런 후 다시 책을 읽고 싶은 마음이 들 때는 더욱 천천히 읽어보는 게 좋습니다.

이 책은 독자들에게 바치는 사랑의 선물입니다. 혹자에게는 축복이 될 수도 있고, 혹자에게는 더욱 커다란 즐거움과 만족감, 아름다움을 안겨줄 수도, 자신을 더욱 환하게 비춰주는 빛이 되어줄 수도 있을 것입니다. 그러니 부디 즐기시길!

샥티

프롤로그 · 04
독자분들에게 · 08

제1부 어제까지의 나를 잊어라

생각의 씨앗을 묻어라 · 15
내 인생을 방해하는 건 바로 나! · 20
마음을 밝게 만드는 상상 · 26
잠들기 전이나 눈을 뜬 직후 · 30
말에 얽매이지 말라 · 33
원하는 것을 이루는 네 단계 · 39
올바른 목적을 위해 사용할 때만 효과가 있다 · 43
나를 칭찬하는 마음의 수다 만들기 · 45
언뜻 보기에 모순된 것 같지만 · 56

제2부 삶을 긍정적으로 프로그래밍하라

밥 먹고 세수하는 것처럼 매일매일 · 65
존재, 행위, 소유의 삼각관계 · 69
의지가 강할수록 소원을 이룰 가능성도 높다 · 71
내 안의 또 다른 자아와 만난다 · 74
한 가지 목표에만 집착하지 말라 · 79
원하는 것은 이미 가까이에 있다 · 84
난 이미 거듭나고 있다 · 91
주면 줄수록 더 받는다 · 99
질병은 마음이 보내는 신호 · 105

제3부 하루 10분, 환희를 맛보아라

에너지의 흐름을 원활하게 한다 • 119
에너지의 중심을 열어준다 • 121
마음속 성소를 만든다 • 124
영혼의 스승을 만난다 • 126
핑크 버블 테크닉 • 131
몸과 마음을 치료한다 • 133
필요한 것을 불러들인다 • 141
목표를 이루어야 한다는 강박관념에서 벗어나라 • 144

제4부 스스로를 업그레이드하라

인생의 워크북을 만든다 • 155
마음속 장애물을 걷어낸다 • 160
나를 위한 긍정의 글을 쓴다 • 172
진실로 원하는 것을 목표로 세운다 • 175
마음의 그림을 그려낸다 • 186
보물지도를 만든다 • 189
건강과 아름다움을 지킨다 • 196
함께 하면 효과가 배가된다 • 202
따스하고 긍정적인 관계를 맺는다 • 205

제5부 이제는 내 인생을 가꿀 때

우주 창조의 주인은 바로 나! • 213
마음을 따르면 편안하다 • 214
매 순간이 새로운 기회 • 216

제1부
어제까지의 나를 잊어라

삶의 매 순간은 무한히 열려 있고
우주는 더 없이 관대하다.
분명하고 진실한 소망을 품기만 하면
원하는 모든 것이 이루어진다.

** 생각의 씨앗을 묻어라 **

'시각화'는 자신이 소망하는 것들을 상상력으로 이루어내는 하나의 방법입니다. 그러나 여기에 새롭거나 기이하고 색다른 것은 전혀 없습니다. 모두가 매일 매 순간마다 자신도 모르는 사이에 이 방법을 활용하고 있기 때문입니다. 시각화는 우리 안에 본래부터 들어 있는 상상력, 창조 에너지로서 그 사실을 의식하든 못하든 우리는 끊임없이 이 힘을 사용하고 있습니다.

과거에는 대부분이 시각화의 힘을 무의식적으로 사용해왔습니다. 마음 깊이 뿌리 박혀 있는 삶에 대한 부정적인 생각들 때문에 습관적으로 혹은 무의식적으로 결핍과 제약, 시련, 고난 등을 벗어날 수 없는 운명으로 받아들여 온 것입니다. 그러나 이것은 자신이 만들어낸 결과에 불과합니다.

이 책은 우리 안에 숨어 있는 상상력을 더 잘 활용하는 방법을 담고 있습니다. 우리가 진정으로 바라는 것들(사랑과 충족감, 기쁨, 흡족한 인간관계, 보람 있는 일, 효과적인 자기표현, 건강과 아름다움, 풍요로움과 내적 평화, 조화로운 삶 등 우리가 갈구하는 모든 것들)을 창조하는 방법을 다루고 있습니다. 시각화는 우리에게 꾸밈없는 미덕과 윤택한 삶 속으로 들어갈 수 있는 열쇠를 제공합니다.

상상력은 어떤 아이디어나 심상, 무언가를 느끼는 감각 등을 떠올리는 능력입니다. 시각화는 이런 상상력을 이용해서 어떤 이미지나 아이디어, 분명하게 드러내고 싶은 막연한 정서 등을 그려냅니다. 이렇게 떠올려낸 아이디어나 감정, 혹은 심상에 긍정적인 에너지를 쏟아 부으면서 꾸준히 정신을 집중합니다. 그러면 어느 순간 이것들이 현실로 굳어집니다. 마음속으로 상상해오던 것들이 실제로 이루어지는 것입니다.

물질적인 것이든 아니면 정서적이거나 영적인 것이든, 마음속으로 그리는 목표가 어떤 차원의 것이든 상관없습니다. 깔끔한 새집이나 번듯한 일자리를 상상할 수도 있고, 흡족한 인간관계나 잔잔하고 평온한 마음을 꿈꿀 수도 있으며, 기억력이나 학습 능력이 향상되기를 바랄 수도 있습니다. 혹은 아주 힘겨운 상황을 무난하게 이겨내는 모습을 상상해볼 수도 있습니다. 아니면 그저 빛과 사랑으로 충만한 자신의 모습을 그려볼 수도 있습니다. 어떤 차원의 상상이든, 상상하는 모든 것들이 분명하게 그 열매를 맺을 것이며, 자신에게 가장 효과적인 이미지와 방법이 무엇인지도 경험을 통해 터득하게 될 것입니다.

예를 들어, 현재 근무 여건이 별로 좋지 않다거나 일 자체는 적성에 맞는데 몇 가지 마음에 안 드는 점이 있다면, 그런 것들이 어떻게 바뀌었으면 좋겠는지 마음속으로 그리기 시작합니다. 그런데도 별 효과가 없거나 차라리 새로운 일자리를 찾는 게 좋겠다는 마음이 들면, 그땐 가장 이상적인 작업 환경에서 열심히 일하는 자신의 모습을 상상해봅니다.

어떤 상상을 하건 방법은 똑같습니다. 긴장을 풀고 조용히 명상 상태로 들어가, 이상적인 작업 환경에서 일에 전념하고 있는 자신의 모습을 상상합니다. 바라던 환경에서 적성에 맞는 일을 하며 성취감을 느끼는 모습을, 동료들과 조화롭게 어울리며 다른 사람들에게 인정받고 경제적 보상도 충분하게 받는 모습을 그려보는 것입니다. 물론 여기에 근무 시간이나 자율적인 일 처리 권한, 의무 같은 세세한 사항도 덧붙일 수 있습니다.

그런 다음 이런 상상이 충분히 이루어질 수 있다고 생각합니다. 상상한 대로 이미 이루어지고 있는 것처럼!

이런 과정을 시간 나는 대로 되풀이합니다. 생각이 미칠 때면 언제든 반복합니다. 변화를 꾀하고 싶은 바람이나 의도가 확실하다면, 머지않아 근무 여건이 몰라보게 향상될 것입니다.

여기서 한 가지 주의할 점이 있습니다. 타인들의 행동을 '조종'하거나 그들에게 원치 않는 일을 시키기 위해 시각화를 악용해서는 안 된다는 것입니다. 시각화의 궁극적인 목적은 내면의 장애물을 걷어내고 조화로운 삶을 영위하며 가장 밝고 긍정적인 모습을 갖는 데 있기 때문입니다.

시각화는 어떤 형이상학이나 고상한 이념을 믿어야만 할 수 있는 것이 아닙니다. 외부의 힘을 믿을 필요도 없습니다. 이해와 경험을 확장하고픈 열망, 새로운 것들을 긍정적으로 받아들일 수 있는 열린 마음만 있으면 됩니다.

이렇게 활짝 열린 마음과 정신으로 시각화의 원리와 방법들을 익혀 시도해본 다음, 정말로 도움이 되는지 확인해봅니다. 도움이 된다면, 계속 영역을 넓혀서 실천해 나갑니다. 머지않아 기대 이상의 놀라운 변화들을 경험하게 될 것입니다.

시각화는 마법과도 같습니다. 그러므로 시각화를 사용하기 전에 우주의 움직임을 지배하는 자연법칙을 이해하고, 이것을 창조적으로 활용하는 방법을 배워야 합니다.

아름다운 꽃이나 멋진 일몰 장면을 한 번도 본 적이 없는 사람에게 그 광경을 묘사해주면, 그는 아마 대단히 신기해 할 것입니다. 그러나 그런 광경을 몇 차례 직접 보고 나면, 그것과 관련된 자연법칙을 깨닫고 이해하면서 아주 자연스럽게 바라볼 것입니다.

시각화에도 이와 똑같은 과정이 적용됩니다. 처음에는 모든 것들이 그저 놀랍고 말도 안 되는 것처럼 여겨질 것입니다. 그러나 시각화의 기본 개념을 깨닫고 실행하다 보면, 어느 순간 자신의 삶이 극적으로 변화하는 느낌이 들 것입니다. 아니, 실제로 그렇게 됩니다.

✳✳ **내 인생을 방해하는 건 바로 나!** ✳✳

시각화가 효과적인 이유를 이해하려면, 먼저 서로 연관성이 있는 몇 가지 원리를 살펴보는 것이 좋습니다.

❖ **몸은 에너지의 집합체**

형이상학자들과 영혼의 스승들이 수세기 전에 깨달은 사실들을 과학자들은 이제 막 발견해내기 시작했습니다. 우리가 사는 물질계가 결코 '물질'로 이루어져 있지 않다는 사실이 바로 그것입니다. 물질계를 구성하는 기본 요소는 흔히 에너지라고 부르는 기운, 즉 영적인 실재입니다.

우리의 감각기관이 인지해낼 수 있는 차원에서 보면, 사물들은 단단하게 고정되어 있으며 따로따로 떨어져 있는 것처럼 보입니다. 그러나 더 미세한 차원, 즉 원자나 원자를 구성하는 양자와 전자의 차원에서 보면, 겉으론 단단한 것처럼 보이는 물질 안에도 수많은 입자들이 있으며, 이 입자들은 다시 그보다 작은 무수한 입자들로 이루어져 있습니다. 이런 식으로 계속 관찰하다 보면, 마지막에 남는 것은 오로지 순수한 에너지뿐입니다.

따라서 물리학적인 면에서 볼 때, 우리는 에너지의 집합체일 뿐입니다. 우리 내부와 주변의 모든 것들 역시 에너지로 이루어져 있습니다. 우리는 하나의 거대한 에너지 장을 이루는 일부분인 것입니다. 서로 분리되어 있는 것처럼 보이는 사물들도 실제로는 누구에게나 있는 본질적인 에너지의 다양한 형태일 뿐입니다. 따라서 우리는 모두가 하나입니다.

이 에너지는 다양한 진동률을 갖고 있습니다. 에너지들마다 서로 다른 특질을 보이는 것은 바로 이 진동률의 차이 때문입니다. 예를 들어, 생각은 비교적 섬세하고 가벼운 에너지기 때문에 쉽고 빠르게 변화하는 특징이 있습니다. 이에 비해 물질은 비교적 조밀하고 압축된 에너지기 때문에 사고보다 천천히 움직이고 느리게 변화합니다.

물질들 사이에서도 이런 차이는 대단히 크게 나타난다. 가령, 살아 움직이는 육체는 비교적 미세한 에너지를 갖고 있기 때문에 금세 변화하고 여러 가지 요인들에 민감하게 반응합니다. 이와 달리 바위는 훨씬 더 조밀한 에너지를 갖고 있기 때문에 변화 속도가 더디고 외부의 영향도 덜 받습니다. 그러나 이런 바위도 결국에는 물처럼 미세하고 가벼운 에너지의 영향을 받아 변화하고 맙니다. 모든 에너지들은 서로 연결되어 있으며 영향을 주고받는 것입니다.

❖ 비슷한 성질의 에너지는 서로 끌어당긴다

가장 대표적인 원리를 꼽자면, 에너지는 성질이 비슷한 에너지를 끌어당긴다는 것입니다. 사고와 감정에도 자력이 있어서 자신과 비슷한 성질을 띤 에너지를 끌어당깁니다.

마음속에 늘 품고 있던 누군가를 '우연히' 만나거나, 자신에게 필요한 정보들이 꼼꼼하게 정리되어 있는 책을 '어쩌다' 발견하는 행운도 사실은 이런 원리가 빚어낸 결과입니다.

❖ 형태는 생각을 따른다

우리의 사고는 가볍고 민첩하며 변하기 쉽습니다. 때문에 물질 같은 더 조밀한 에너지와는 달리, 사고는 즉각적으로 드러납니다. 무언가를 만들어낼 때 머릿속으로 먼저 그것을 떠올리는 것도 이 때문입니다.

저녁식사를 준비하기 전에 먼저 '저녁을 지어야지' 라고 생각하며, 물건을 사러 나서기 먼저 '새 옷을 한 벌 사야겠어' 생각하고, 일자리를 구하기 전에 '일자리를 찾아야지' 하는 생각이 먼저 듭니다. 이처럼 생각이나 아이디어가 항상 앞섭니다.

화가 역시 먼저 어떤 아이디어나 영감을 떠올린 다음에 그림으로 옮기기 시작합니다. 건축가도 설계도를 먼저 완성한 다음에 집을 짓습니다. 이처럼 아이디어는 하나의 청사진과도 같습니다. 아이디어가 어떤 형태의 이미지를 그려내면, 이미지는 물리적인 에너지를 형태 속으로 끌어당기고 인도합니다. 이렇게 해서 결국에는 그 에너지를 물리적인 차원에서 구현시킵니다.

꼭 물리적 행위를 통해 생각을 표현하지 않을 때도 똑같은 원리가 적용됩니다. 마음속에 어떤 생각이나 아이디어를 품고 있기만 해도, 그 자체로 에너지를 끌어당겨 물리적 차원에서 형태를 드러내게 만듭니다. 때문에 질병에 걸리지 않을까 끊임없이 걱정하면 나중에는 진짜로 병이 들고, 예뻐질 거라고 생각하면 실제로도 그렇게 됩니다. 마음 깊은 곳에 잠자고 있는 무의식적인 생각이나 감정도 이와 똑같은 방식으로 작용합니다.

❖ 뿌린 대로 거둔다

이 우주 안에 무엇을 내놓든, 언젠가는 반드시 자신에게로 되돌아옵니다. 이것이 바로 방사와 흡인의 법칙입니다. 말 그대로 '뿌린 대로 거두리라'는 것인데, 이 법칙이 의미하는 바는 다음과 같습니다.

사람들은 가장 훌륭하다고 여기며 가장 굳건하게 믿는 것을 제일 생생하게 그려냅니다. 그리고 가장 간절하게 원하는 것을 삶 속으로 끌어들입니다.

따라서 부정적인 생각이나 두려움, 불안, 걱정에 휩싸여 있으면 결국엔 자신이 그토록 피하고 싶었던 상황이나 사람들을 자신의 삶 속으로 끌어들이게 됩니다. 반대로 긍정적인 자세로 즐거움과 만족감, 행복 등을 마음속으로 그리면 기분 좋은 사람이나 상황을 삶 속으로 불러들일 수 있습니다. 요컨대, 원하는 것을 상상하는 시각화는 바라는 것을 삶 속으로 끌어들이는 데 큰 도움이 됩니다.

❖ 시각화의 궁극적인 목적
－삶의 모든 순간을 경이로운 창조의 순간으로

단순히 '긍정적인 생각'만으로는 삶을 변화시킬 수 없습니다. 이를 위해선 무엇보다도 '삶을 대하는 태도'를 변화시켜야 합니다. 시각화를 활용하는 방법을 익히는 과정에서 영적 성장을 깊이 체험하는 것도 이 때문입니다. 이 과정에서 내면의 두려움과 부정적인 생각들이 삶의 충만함과 행복을 느끼지 못하게 우리를 억제해왔다는 사실을 깨닫게 될 것입니다. 그러면 여유와 사랑으로 충만한 삶을 영위하게 해주는 밝고 건강한 마음만을 남겨두고, 행복을 방해하는 부정적인 태도들은 쉽게 지워버릴 수 있습니다.

처음에는 대부분 특정한 시간에만 시각화를 이용할 것입니다. 그러나 차츰 시각화하는 습관이 몸에 붙고 그 효과를 신뢰하게 되면서, 시각화가 사고의 한 부분으로 자연스럽게 스며드는 것을 느끼게 됩니다. 늘 깨어 있는 상태, 자신이 바로 자기 인생의 창조자라는 사실을 깨닫는 경지에 이르는 것입니다.

시각화의 궁극적인 목적도 바로 이것입니다. 삶의 모든 순간을 경이로운 창조의 순간으로, 우리가 상상할 수 있는 가장 멋지고 가장 아름다우며 가장 만족스러운 것들을 자연스럽게 삶 속으로 끌어들이는 창조의 순간으로 만드는 것입니다.

** 마음을 밝게 만드는 상상 **

시각화를 행하는 기본적인 방법은 다음과 같습니다.

먼저, 원하는 것을 마음속에 떠올립니다. 이때 쉽게 이룰 수 있는 간단한 것을 선택하는 편이 좋습니다. 갖고 싶은 물건이나 바라는 상황, 개선하고 싶은 생활환경 등 어떤 것이든 상관없습니다.

조용한 장소에서 가장 편안한 자세를 취한 다음, 몸과 마음의 긴장을 충분히 풀어줍니다. 온몸의 근육들을 차례차례 풀어준다는 생각으로, 발끝에서 척추를 타고 위로 올라가면서 모든 긴장을 몸 밖으로 흘려보냅니다. 동시에 천천히 깊게 배로 호흡하면서, 하나에서 열까지 숫자를 세어 나갑니다. 숫자를 셀 때마다 점점 편안하고 차분해지는 자신을 느껴봅니다.

긴장이 충분히 풀어진 느낌이 들면 원하는 것을 마음속에 그립니다.

원하는 것이 물건이라면 그 물건을 만져보고 애지중지 아끼며 쓰다가 기쁨에 들뜬 표정으로 친구에게 자랑하는 모습을 떠올려봅니다. 원하는 것이 어떤 특정한 사건이나 상황이라면, 자신이 그 상황에 놓여 있으며 모든 일이 바라던 대로 진행된다고 상상합니다. 이런 상상을 더욱 현실감 있게 만들어주는 세부 사항들, 가령 사람들이 자신에게 해줄 말 등을 떠올려보는 것도 좋습니다.

마음을 밝게 만드는 상상을 하는 데는 몇 분 정도밖에 걸리지 않습니다. 그러니 즐거운 공상에 잠기는 어린아이처럼 마음 놓고 이런 시간을 만끽합니다. '이번 생일선물은 무얼까?'

이제, 떠올린 생각이나 이미지를 마음속에 꼭 간직한 채, 자신감을 갖고 자신에게 긍정의 말을 해줍니다. 긍정화는 시각화에서 아주 중요한 역할을 하는 부분으로, 크게 소리를 내서 말하든 조용히 속으로 말하든 상관없습니다.

- 지금 나는 산에서 주말을 신나게 즐기고 있어. 아! 정말 너무도 멋진 휴일이야.
- 널찍한 새 아파트는 전망이 아주 아름다워.
- 나는 지금 나를 있는 그대로 사랑하고 받아들이는 법을 배우고 있어.

도움이 된다면, 시각화를 마칠 때마다 다음과 같은 말을 되뇌이는 것도 좋습니다.

지금 나와 모든 이들의 행복을 위해 이것 또는 이보다 나은 무언가가 너무나 만족스럽고 조화로운 방식으로 나타나고 있다.

위와 같은 말은 자신이 원래 상상했던 것과 다르거나 더 나은 무언가를 생각할 여지를 만들어줍니다. 또 모든 이들의 이익을 위해 사용할 때만 시각화의 효력이 나타난다는 점도 잊지 않게 해줍니다.

회의적이거나 모순적인 생각이 슬금슬금 고개를 처들 때, 그런 생각들을 무조건 지워버리거나 억누르려고만 해서는 안 됩니다. 그럴수록 더욱 강하게 비집고 들어올 뿐이기 때문입니다. 따라서 그런 생각들이 의식을 뚫고 흘러가도록 그냥 내버려둔 다음, 다시 긍정적인 말과 이미지에 기대보는 것이 좋습니다.

흥미를 잃지 않고 즐거이 계속할 수 있을 만큼 매일 이 과정을 반복합니다. 30분, 아니 5분 동안이라도 좋습니다. 자주 반복할수록 더욱 효과적입니다.

지금까지 살펴본 것처럼 시각화의 방법은 아주 간단합니다. 그러나 이것을 효과적으로 활용하는 데는 어느 정도 이해와 훈련이 필요합니다.

✽✽ 잠들기 전이나 눈을 뜬 직후 ✽✽

이제 막 시각화를 익히는 단계에서는 몸과 마음의 긴장을 완벽하게 풀어주는 것이 무엇보다도 중요합니다. 심신의 긴장을 풀어주면, 실제로 뇌파의 모양이 변하고 속도도 훨씬 느려집니다. 이런 상태를 알파 단계라고 합니다. 이와 달리 산만하게 깨어 있는 평상시의 의식 상태는 베타 단계라고 부릅니다.

알파파가 미치는 영향에 대해서 현재 많은 연구가 이루어지고 있습니다. 연구 결과에 따르면 알파 단계는 매우 건강한 의식 상태라고 합니다. 알파파가 심신의 긴장을 느슨하게 풀어주는 기능을 하기 때문입니다. 따라서 물질세계에서 시각화를 통해 실제적인 변화를 일으키는 데는 베타파보다 알파파가 훨씬 효과적입니다.

이런 사실을 실제 생활에 적용해보면, 조바심 내며 억지로 계획을 짜내고 상황이나 사람을 통제·조정하려고 애쓰는 것보다, 심신을 편안하게 이완시킨 뒤 시각화를 행하는 것이 삶의 변화에 훨씬 효과적임을 알 수 있습니다.

나름대로 심신의 긴장을 풀어준 뒤 고요한 명상 상태로 들어가는 방법을 이미 사용하고 있다면, 계속해서 그 방법을 쓰는 것이 좋습니다. 그렇지 않다면 앞에서 설명한 방법(천천히 깊게 숨을 들이쉬고 내쉬면서 온몸의 근육을 차례차례 풀어주고, 하나부터 열까지 천천히 숫자를 세는 방법)을 사용해보는 것이 좋습니다.

이것이 생각대로 잘 되지 않을 때는 요가나 명상, 스트레스 저하 운동 같은 것을 배워보는 것도 좋습니다. 대개는 훈련을 약간만 받아도 긴장을 완전히 풀어줄 수 있습니다. 심신의 긴장을 풀어주는 것이 정신적으로나 신체적으로 얼마나 큰 도움이 되는지 확실히 느낄 것입니다.

시각화는 밤에 잠들기 전이나 아침에 눈을 뜬 직후에 하는 것이 가장 효과적입니다. 이때는 몸과 마음이 매우 편안하기 때문에 무엇이든 잘 받아들일 수 있습니다.

피곤하거나 졸려서 금방 잠이 들 것 같으면, 침대 모서리나 의자에 등을 꼿꼿하게 펴고 앉아서 시각화를 하는 것이 좋습니다. 이렇게 하면 에너지의 흐름이 원활해져서 더 쉽게 알파파 상태에 이를 수 있습니다.

상황이 허락된다면 낮에 잠깐 짬을 내서 명상과 시각화를 하는 것도 좋습니다. 몸과 마음이 편안해지면서 새로운 기운이 솟구치기 때문에, 남은 하루를 평온하면서도 활기차게 마감할 수 있습니다.

✱✱ 말에 얽매이지 말라 ✱✱

대다수 사람들은 시각화가 정확히 무엇을 의미하는지 몰라 고개를 갸웃거립니다. 개중에는 눈을 감고 마음속으로 무언가를 그릴 때 심상이나 이미지가 실제로 '눈에 보이지 않는다'고 걱정하는 이들도 있습니다. 그런가 하면 시각화를 처음 하면서 아무런 변화도 일어나지 않는다고 불안해하는 이들도 있습니다.

이런 사람들은 대개 지나친 의식적 노력으로 오히려 시각화를 방해합니다. 시각화를 하는 '정확한 방법'이 있을 텐데 자신이 잘못된 방법으로 하고 있다고 믿습니다. 혹여 이런 느낌이 든 적이 있다면, 괜한 걱정일랑 접어두는 게 좋습니다. 마음을 편히 먹고 일어나는 일들을 그냥 자연스럽게 받아들이면 됩니다.

그러기 위해선 '시각화'란 말에 얽매이지 말아야 합니다. 어떤 이미지를 마음속으로 꼭 보아야만 시각화가 제대로 이루어지는 것은 아닙니다. 눈을 감고 무언가를 떠올릴 때 아주 선명한 이미지가 보인다고 말하는 사람들도 있지만, 사실 아무것도 '보지' 못하는 사람들도 많습니다. 그런 사람들은 이미지를 예감하거나 느끼고, 단지 '생각' 할 뿐입니다. 그러나 이것만으로도 충분합니다. 시각적으로 더 뛰어난 사람들이 있는가 하면, 청각이나 운동 능력이 월등히 발달된 사람들도 있습니다.

사람들은 누구나 상상력을 끊임없이 이용하면서 삽니다. 마음속으로 무언가를 떠올릴 때 어떤 체험을 하든, 걱정하거나 불안해하는 것은 다 부질없는 짓입니다.

시각화한다는 것이 무엇을 의미하는지 아직도 와 닿지 않는다면, 다음의 글을 꼼꼼히 읽어봅니다. 그런 다음 두 눈을 감고, 자연스럽게 떠오르는 것들을 있는 그대로 바라봅니다.

두 눈을 감고 몸과 마음의 긴장을 편안하게 풀어줍니다. 침실이나 거실 같은 친숙한 공간을 떠올립니다. 카펫의 색깔이나 가구의 배치, 방 안의 밝기 등 세세한 모습들까지 마음속으로 그려봅니다. 그런 다음 방 안으로 들어가 편안한 의자나 푹신한 소파, 침대 위에 앉거나 눕는다고 상상합니다.

이제 지난 며칠 동안 겪은 일들 중에서 가장 즐거웠던 기억을 더듬어봅니다. 맛있는 음식을 먹은 기억이나 고대하던 편지를 받은 일, 시원한 물속에서 수영을 즐기거나 사랑을 나눈 일처럼 신체적으로 좋은 느낌을 받은 경험을 떠올립니다. 이런 기억들을 최대한 생생하게 되살리면서 그때의 즐거웠던 느낌들을 다시 한 번 음미해봅니다.

그런 다음 어느 한적한 시골에 있다고 상상합니다. 맑은 물이 흐르는 시냇가, 부드러운 풀밭 위에서 편안히 쉬거나 울창한 숲 속을 산책하는 모습을 그려봅니다. 언젠가 가본 곳이어도 좋고, 한번쯤 꼭 가보고 싶은 곳이어도 좋습니다. 자신이 원하는 모습대로 풍경을 그려봅니다.

이런 풍경들을 마음속에 떠올리는 데는 어떤 방법을 사용하든 상관이 없습니다. 그것이 바로 자신만의 '시각화' 방법이기 때문입니다.

시각화에는 두 가지 방식이 있습니다. 하나는 수용적인 방식이고, 다른 하나는 능동적인 방식입니다.

수용적인 방식에서는 몸과 마음을 편안히 한 다음, 어떤 이미지나 인상을 세세한 부분들까지 의식적으로 선택하지 않고 그저 마음속에 떠오르는 대로 받아들입니다. 마음속에 그려지는 그대로 흡수하면 되는 것입니다.

반면에 능동적인 방식에서는 떠올리고 싶은 것들을 의식적으로 선택하고 만들어냅니다. 두 방식 모두 시각화에서 아주 중요한 부분을 차지하는데, 수용적인 능력이든 능동적인 능력이든 훈련으로 충분히 강화시킬 수 있습니다.

❖ 내면을 들여다보는 일을 두려워하지 마라

때때로 사람들은 무언가를 마음속으로 그려내거나 상상하는 능력을 스스로 억눌러 버립니다. 그러고선 무턱대고 '할 수 없다' 는 생각부터 먼저 합니다. 이런 나약한 생각은 대개 두려움에서 비롯되는데, 문제를 해결하려는 의지만 있다면 이런 문제도 쉽게 이겨낼 수 있습니다.

시각화를 활용하는 능력을 스스로 억눌러 버리는 이유는 내면과 마주하는 것에 대한 두려움 때문입니다. 아직 확인되지 않았거나 인정할 수 없는 자신의 느낌이나 감정과 맞닥뜨리기가 겁나는 것입니다.

한 예로, 필자가 맡고 있는 학생들 중에서 계속 시각화에 실패한 남성이 있었습니다. 그는 명상 중에 자꾸 잠 속으로 빠져들었습니다. 알고 보니, 그 남성에게는 시각화를 하다가 정서적으로 심한 혼란에 휘말린 경험이 있었습니다. 다른 사람들 앞에서 감정적으로 돌변하는 자기 모습에 당황한 그는 또다시 그런 모습을 보이게 될까 두려워하고 있었습니다. 또 어떤 여성은 특별한 치료를 통해, 어린 시절부터 가슴속에 묻어두었던 고통스런 감정들과 용기 있게 대면해서 그 감정들을 다시 느끼고 풀어낸 이후에야 비로소 시각화에 성공할 수 있었습니다.

이런 사례들은 우리 마음속에 우리를 아프게 하는 것은 아무것도 없음을 알려줍니다. 우리를 방해하는 것은 오로지 자신을 옭아매고 있는 감정에 사로잡힐지도 모른다는 두려움뿐입니다. 그러므로 명상 중에 무언가 예상치 못한 체험을 해도 그냥 직시하는 것이 가장 좋습니다. 있는 그대로의 모습과 하나가 되어 느끼고 체험하다 보면, 결국에는 우리를 옥죄고 있는 부정적인 힘이 풀어져버린. 두려움이란 결국 스스로 직면하기를 꺼리는 데서 싹트는 것이기 때문입니다. 두려움의 씨앗을 꼼꼼하게 직시하면 두려움은 저절로 힘을 잃어버립니다.

그렇지만 이미 두려움에 꺾여버린 상태라면, 믿을 만한 상담원이나 심리치료사에게 도움을 청하는 것이 좋습니다. 그들은 스스로 자신의 감정을 받아들인 다음, 그것을 다시 끌어올려 표현해내게 도와줍니다. 고통이나 상처가 많은 사람들에겐 이런 치료가 특히 더 필요합니다.

다행히도 시각화를 할 때 어려움을 겪는 사람은 비교적 드뭅니다. 대체로 시각화 자체가 자연스럽게 이루어지는 것이고, 훈련을 할수록 그 과정이 더욱 수월해지기 때문입니다. 그런데도 시각화를 하기가 힘들 경우, '긍정화' 법이 효과가 있을 것입니다.

** 원하는 것을 이루기 위한 네 단계 **

1. 목표를 정한다

갖고 싶거나 지향하는 것, 이루어내거나 만들고 싶은 것 등 원하는 것을 먼저 선택합니다. 근사한 일자리나 멋진 집, 친밀한 인간관계, 내면의 변화, 풍요로운 생활, 평온한 마음, 생기 있고 아름다운 외모, 가뿐한 몸 상태, 가족이나 자신이 속한 공동체의 문제를 해결하는 것 등 어떤 목표든 상관없습니다.

그렇지만 목표를 정할 때는 스스로 쉽게 믿을 수 있는 것, 다시 말해 단기간에 실현할 수 있을 것 같은 목표를 먼저 선택하는 편이 좋습니다. 그래야 시각화를 할 때 마음속에 웅크리고 있는 부정적인 저항감과 맞서 싸우는 번거로움을 줄이고, 성공의 기대감도 극대화할 수 있습니다. 일단 이렇게 시작했다가, 차츰 성취하기 힘든 어려운 것들까지 목표로 정해봅니다.

2. 아이디어나 심상을 선명하게 그려낸다

아이디어나 심상, 사물이나 상황에 대한 느낌을 원하는 그대로 선명하게 그려냅니다. 그리고 그것이 이미 소망하는 그대로 존재하는 것처럼 현재시제로 생각합니다. 바로 지금, 바라던 상황에 놓여 있다고 상상하는 것입니다. 이때에도 물론 세세한 점들까지 자세하게 그려보는 것이 좋습니다.

누구나 이처럼 마음속에 그린 것들을 눈으로 확인할 수 있는 구체적인 그림으로 만들고 싶어 할 것입니다. '보물지도'(treasure map, 이것에 대해서는 뒤에서 설명할 것임)를 그리는 식으로 말입니다. 필수 단계는 아니지만, 도움이 될 때가 많을 것입니다. 게다가 재미있기는 또 얼마나 재미있는지!

3. 틈나는 대로 아이디어나 심상에 정신을 집중한다

시간이 날 때마다 떠올린 아이디어나 심상을 되새깁니다. 명상 시간이나 하루 중 어느 때든 생각이 미칠 때마다 마음속으로 그려봅니다. 이렇게 반복하다 보면, 그 아이디어나 심상이 자연스럽게 삶의 한 부분으로 스며들 것입니다.

아이디어나 심상에 정신을 집중할 때는 또렷한 정신 상태에서 하되, 마음을 가볍고 편하게 먹습니다. 원하는 것을 위해 고군분투하거나 지나치게 많은 에너지를 쏟고 있다는 느낌이 들면 도움은커녕 도리어 방해만 되기 때문입니다.

4. 긍정적인 말을 해준다

바라는 것에 정신을 집중할 때는 스스로 용기를 북돋는 긍정적인 마음가짐이 중요합니다. '바라는 대로 이미 다 되어 있어' 라거나 '음, 바라는 대로 잘 되어 가고 있군!' 하는 식으로 자신에게 강한 긍정의 말을 해주는 것이 좋습니다. 그리고 원하는 것을 손에 넣거나 성취하는 자신의 모습을 상상해봅니다.

이렇게 긍정화를 할 때는 혹시 생길지도 모르는 의혹이나 불신을 그 순간만이라도 잠시 접어두고, 자신이 소망하는 것이 지극히 현실적이며 충분히 이룰 수 있다는 생각을 가져야 합니다.

원하는 바를 이루고픈 의욕이 더 이상 생기지 않을 때까지 위의 과정을 계속합니다. 성취하기도 전에 목적이 바뀌는 경우가 다반사고, 그런 것이 바로 변화와 성숙을 거듭하는 인간의 자연스러운 본성의 한 부분이기 때문입니다. 그러므로 처음에 계획했던 목적을 이루고픈 마음이 이미 희미해졌는데도 계속 그 마음을 붙들고 늘어질 필요는 없습니다. 처음에 품었던 목적이 의미를 상실했다면, 자신이 정말로 원하는 것을 되새겨보아야 할 때라는 신호입니다.

소망이 바뀌었다는 것을 깨닫고 나면 그것을 솔직하게 인정합니다. 지금까지 품고 있던 소망에 더 이상 마음이 가지 않는다는 사실을 흔쾌히 받아들이는 것입니다. 이제까지의 낡은 주기에 종지부를 찍고, 홀가분하게 삶의 새로운 주기를 시작하는 것입니다. 그러면 혹시 생길지도 모르는 마음의 혼란을 피하고, 단순한 변화를 '실패'로 받아들이는 어리석음도 범하지 않을 수 있습니다.

원하던 것을 성취했을 때는 드디어 목표가 이루어졌다는 사실을 스스로에게 꼭 확인시켜 주어야 합니다. 소원하던 것들을 이루고도 그 사실을 알아차리지 못할 경우가 간혹 있기 때문입니다. 이 얼마나 웃긴 일인가요! 소망을 이루었을 때는 어떤 식으로든 자신을 칭찬하고 그간의 고통을 위로해줍니다. 그리고 소원을 이루게 해준 우주에 감사의 마음을 전합니다.

** 올바른 목적을 위해
사용할 때만 효과가 있다 **

시각화의 힘이 무언가 사악한 목적에 악용되는 것은 아닐까 걱정할 필요는 없습니다. 시각화는 자연스럽고 조화로우며 풍요롭고 자비로운 우주의 흐름을 가로막는 장애물(인간이 만들어낸)을 걷어내거나 녹여버리는 하나의 방법일 뿐이기 때문입니다.

시각화는 개개인의 고귀한 소망과 모두의 행복을 위해 사용할 때만 효과가 있습니다. 따라서 해롭고 파괴적이며 이기적인 목적에 시각화를 이용하려는 사람이 있다면, 인과응보의 법칙에 대한 무지만을 드러내 보이고 말 것입니다.

이것은 '뿌린 대로 거두리라'는 원리와 같습니다. 다른 사람에게 어떤 행동을 하든, 그것은 반드시 부메랑처럼 자신에게로 되돌아와 꽂힙니다. 상처를 치유해주는 이타적이고 애정 어린 행동이든 부정적이고 파괴적인 행동이든, 결국엔 모두 자신에게로 되돌아오기 마련입니다.

이것은 시각화를 자신의 가장 숭고한 소망은 물론, 타인들을 사랑하고 그들의 바람에 힘을 불어넣기 위한 목적으로 활용할수록 더 많은 사랑과 행복, 성공을 거둔다는 점을 말해줍니다. 그러므로 다음 내용을 분명하게 인식하고 있는지 다시 자신을 되돌아볼 필요가 있습니다.

> 지금 나와 모든 이들의 행복을 위해 이것 또는 이보다 나은 무언가가 아주 만족스럽고 조화로운 방식으로 나타나고 있다.

한 예로, 마음속으로 승진을 꿈꾸고 있다고 합시다. 그렇다면 바로 위의 상사가 해고되는 모습을 그리기보다는 그가 더 나은 자리로 옮겨 가거나 새로운 직업을 얻는 모습을 상상하는 것이 좋습니다. 이게 바로 모든 이들의 행복을 위한 길이기 때문입니다.

왜 이래야 하는지, 무엇이 가장 현명한 길인지 굳이 이해하거나 결정하려고 애쓸 필요는 없습니다. 그냥 이것이 최선이라고 믿고, 나머지 세세한 것들은 하늘에 맡겨두면 됩니다.

✻✻ 나를 칭찬하는
마음의 수다 만들기 ✻✻

긍정화는 시각화에서 가장 중요한 요소 가운데 하나입니다. '긍정한다'는 것은 '무엇을 단단하게 만들어 준다'는 의미를 갖고 있습니다. 따라서 긍정화는 자신에게 무언가 이미 그렇게 되고 있다는 강한 긍정의 말을 해주는 것입니다. 소망하는 것을 '확실하게 만들어주는' 하나의 방법인 것입니다.

우리는 거의 한순간도 쉬지 않고 마음속으로 내면의 '대화'를 나누고 있습니다. 마음은 스스로에게 분주히 말을 걸면서 삶과 감정, 세계는 물론 각자가 안고 있는 문제와 다른 사람들에 대해서 끊임없이 이야기를 나눕니다. 마음속에서 흐르고 있는 말과 생각들이 매우 중요한 의미를 갖는 것도 이 때문입니다.

그러나 대부분의 사람들이 평상시에는 이런 의식의 흐름을 제대로 의식하지 못하고 지냅니다. 마음속에서 '스스로에게 하는 말들'이 실제 경험의 기본 토대가 되는데도 말입니다. 마음속에서 벌어지는 내면의 대화는 감정과 일상적인 사건들의 인식에 영향을 미치고 색깔을 입혀줍니다. 모든 일을 불러오고 만들어내는 것은 결국은 마음속 생각들입니다.

명상을 해본 사람이라면 더 지혜롭고 직관적이며 심층적인 정신과 소통하기 위해 이런 '내면의 수다'를 잠재우는 일이 얼마나 어려운지 잘 알 것입니다. 때문에 전통적인 명상법 중에는 이런 내면의 대화를 가능한 한 객관적으로 주시하도록 훈련시키는 것도 있습니다. 자신이 어떤 생각을 하는지 의식적으로 자각하도록 만들어준다는 점에서 이런 수행은 매우 소중한 경험이 됩니다.

우리가 하는 생각은 대부분 살아오는 동안 굳어진 낡은 사고방식을 시디 리코더처럼 그대로 재생한 것이나 마찬가지입니다. 오래전에 선택한 낡은 '프로그램'이 현재 일어나고 있는 일들에까지 영향을 미치는 것입니다. 많은 사람들이 습관적으로 '난 이 일을 할 수 없을 거야'라거나 '이건 절대 제대로 될 리 없어' 같은 부정적인 생각을 하며 살아가고 있습니다.

그러나 긍정화가 습관처럼 몸에 배면, 이런 케케묵고 쓸모없는 내면의 지껄임들을 긍정적인 생각과 아이디어로 변화시킬 수 있습니다. 삶을 대하는 태도와 세상을 바라보는 관점을 짧은 기간에 변화시켜서, 궁극적으로는 우리가 스스로 만들어내는 것까지 바꾸도록 도와주는 것이 바로 긍정화이기 때문입니다.

긍정화는 말없이 속으로 할 수도 있고, 크게 소리 내서 말하거나 노트 위에 적으면서 할 수도 있습니다. 아니면 노래를 부르거나 읊조리는 식으로 해도 됩니다. 어떤 식으로 하든, 하루에 십분씩만 해도 오랫동안 굳어진 낡은 습관에서 쉽게 벗어날 수 있습니다. 습관적으로 부정적인 사고방식이나 마음가짐에 젖어드는 자신을 발견하면, 그 즉시 몇 분 동안 자신에게 긍정의 말을 해줍니다.

예를 들어 '쳇, 무슨 소용이 있겠어? 어차피 못 얻을 게 뻔한데' 하고 생각하는 자신을 발견하면, '내겐 원하는 걸 이뤄낼 힘이 있어!' 라거나 '난 기필코 행복하고 만족스런 삶을 살게 될 거야' 같은 말을 자신에게 해줍니다.

아주 일반적인 것이든 특수한 것이든, 긍정적인 말이면 다 긍정화에 사용할 수 있습니다. 몇 가지 예를 들어보면 다음과 같습니다.

긍정화에 사용할 수 있는 말

- 난 모든 면에서 하루가 다르게 나아지고 있어.
- 필요한 모든 것을 힘들이지 않고 얻을 수 있어.
- 내 삶이 더할 나위 없이 완벽하게 피어나고 있어.
- 나는 지금 삶을 만끽하는 데 필요한 것들을 다 갖고 있어.
- 내 삶의 주인은 바로 나야.
- 필요한 모든 것이 이미 내 안에 있어.
- 난 지혜로운 사람이야.
- 원래 나는 흠잡을 데 없는 완벽한 존재야.
- 있는 그대로의 나를 사랑하며 존중해.
- 모든 감정을 나의 일부분으로 받아들이고 있어.
- 나는 사랑하고 사랑받기를 좋아해.
- 나를 사랑하면 할수록, 다른 사람들에게 더 많은 사랑을 줄 수 있어.
- 지금 나는 자유롭게 사랑을 나누며 살고 있어.
- 나는 지금 따스하고 좋은 관계들을 삶 속으로 끌어들이고 있어.
- ○○와 나의 관계가 더 즐겁고 만족스럽게 날로 무르익고 있어.
- 나는 보수도 괜찮고 보람도 있는 직업을 갖고 있어.
- 나는 적극적으로 나를 표현하며 살고 있어.
- 나는 긴장을 풀고 즐기는 것을 좋아해.
- 나는 언제나 분명하게 다른 사람과 의사를 교환하고 있어.

- 나는 충분한 시간과 에너지, 지혜는 물론이고, 내가 바라는 모든 것을 이룰 돈까지 갖고 있어.
- 나는 언제나 나를 꼭 필요로 하는 곳에서 내게 맡겨진 일을 정확한 시간 안에 해내고 있어.
- 원하는 것들을 얻는 것쯤, 내겐 문제없어!
- 아! 이 넉넉한 우주! 우리 모두를 위한 풍요가 바로 여기에 있어.
- 넉넉함, 난 당당히 그것을 받아들인다!
- 지금, 무한한 풍요가 내 삶 속으로 흘러 들어오고 있어.
- 난 점점 더 부유해지고 있어.
- 많이 가지면 가질수록 더 많이 주어야 해.
- 주면 줄수록 더 많이 받게 되고, 그만큼 난 더욱더 행복해질 거야.
- 내겐 삶을 마음껏 누리며 살 권리가 있고, 실제로 난 그렇게 살고 있어.
- 난 평온하며 마음의 중심이 딱 잡혀 있어. 거기다 무엇이든 할 수 있는 충분한 시간도 있어.
- 모든 일들이 마냥 즐겁기만 해.
- 살아 있다는 그 자체만으로도 행복해.
- 난 펄펄 날 정도로 건강하며 눈부시도록 아름다워.
- 난 이 넉넉한 우주가 주는 모든 선물을 기꺼이 받아들이고 있어.
- ○○는 별 어려움 없이 내 손안에 들어올 거야.

- 내 내면의 빛이 내 삶에 기적을 만들어내고 있어.
- 나의 몸과 마음, 경제적 문제와 모든 관계에서 나타나는 기적 같은 일에 그저 감사할 따름이야.
- 모든 일이 착착 잘 진행되고 있어.
- 지금 난 내 삶의 원대한 목적에 모든 것을 맞추고 있어.
- 난 지금 내 삶의 소명들을 하나하나 그대로 받아들이며 따르고 있어.
- 나를 마음껏 표현하며 건강하고 행복하게 살아갈 수 있는 것에 감사해.

❖ 긍정화를 할 때 기억해야 할 것들

1. 언제나 미래시제가 아닌 현재시제로 말한다

소망을 얘기할 때는 그것이 이미 그대로 이루어지고 있는 것처럼 말합니다. 예를 들어 "근사한 새 일자리를 얻게 될 거야" 대신, "지금 근사한 새 일자리가 있어"라고 말하는 편이 더 효과적입니다.

이렇게 말하는 것은 스스로를 속이는 행위가 아닙니다. 단지, 무엇이든 현실로 드러나기 전에 내면에서 먼저 이루어진다는 사실을 인정하는 것일 뿐입니다.

2. 가장 긍정적인 말을 한다

부정어는 피하고, 가장 긍정적인 말로 소망을 이야기합니다. 예를 들어, "더 이상 늦잠을 자지 않을 거야" 대신, "요즈음 난 아주 가뿐하게 잠에서 깨어나"라고 말하는 것이 좋습니다. 이렇게 하면, 자신이 원하는 이미지를 가장 밝고 선명하게 그려낼 수 있습니다.

물론 때에 따라서는 부정적인 말을 써서 긍정화를 하는 것이 더 효과적인 경우도 있습니다. "이 일을 해내기 위해 꼭 긴장해야 할 필요는 없어"처럼 감정적인 문제나 나쁜 습관을 뿌리 뽑으려는 목적으로 긍정화를 할 때는 특히 그렇습니다.

그래도 대개는 긍정적인 말을 사용하는 것이 훨씬 효과적입니다. 예를 들어, 똑같은 바람이라도 위와 같이 말하는 것보다는 "지금 난 몸과 마음이 모두 다 편안하며 정신도 또렷또렷해. 덕분에 모든 일이 술술 잘 풀려가고 있어"라고 말하는 것이 몇 배는 더 효과적입니다.

3. 쉽고 간단한 문장으로 말한다

쉽고 간단하면서도 말하는 사람의 감정이 강하게 배어 있는 문장을 사용하는 것이 좋습니다. 감정이 강하게 실린 문장일수록 마음속에 더욱 선명한 흔적을 남기기 때문입니다. 그러나 지나치게 길거나 수다스럽고 이론적인 문장은 감정적인 울림을 남기지 않으며, 공연히 머리만 어지럽게 만듭니다.

4. 자신에게 맞는 말을 한다

다른 사람에게는 효과가 있었던 것이 자신에게는 전혀 쓸모없는 경우도 있습니다.

긍정화를 하면 기분이 밝아지고 거리낌이 없어져야 하며, 무언가 찡하고 가슴에 와 닿으면서 새로운 힘이 솟구쳐야 합니다. 그렇지 않다면 문장을 새로운 것으로 바꾸거나 자신에게 딱 맞는 느낌이 들 때까지 단어들을 고쳐봅니다.

물론 어떤 내용이든 처음에는 거부감이 들 수도 있습니다. 의식에 실제적인 변화를 불러일으킬 정도로 영향력이 큰 것일 경우에는 특히 그렇습니다. 그러나 이런 거부감은 변화와 성장에 대한 막연한 두려움에서 비롯되는 것일 뿐입니다.

5. 무언가 새롭고 신선한 것이라는 점을 잊지 않는다

긍정화는 이미 존재하는 것을 고치거나 변화시키기 위한 것이 결코 아닙니다. 그렇게 하는 것은 이미 진행 중인 것을 거스르는 것이므로 결국 갈등과 분쟁만 일으킬 뿐입니다.

자신의 삶에 이미 존재하는 것들을 그대로 받아들여야 합니다. 동시에 모든 순간을 자신의 소망을 이루고 행복을 얻을 기회로 삼아야 합니다.

6. 긍정화는 자신의 느낌이나 감정을 거부하거나 변화시키기 위한 것이 아니다

애써 바꾸려고만 들지 말고, '부정적인' 감정까지 모든 감정을 있는 그대로 인정하고 느끼는 것이 중요합니다. 이런 자세로 긍정화를 해야 삶을 바라보는 새로운 시각도 싹트고 즐거운 경험도 더욱 많이 하게 됩니다.

7. 바라는 대로 꼭 이루어지리라고 강하게 믿어야 한다

긍정화를 할 때는 의심이나 망설임 따위는 잠시(최소한 몇 분만이라도) 접어두고, 마음과 정신을 오로지 긍정화에만 쏟아부어야 합니다. 그래도 회의적인 생각이나 거부감이 삐죽삐죽 솟아오른다면, 그런 생각들을 지워버리거나 긍정적인 문장을 직접 써내려가 봅니다.

 그렇다고 긍정의 말을 아무 생각 없이 입으로만 줄줄 외워대라는 것은 아닙니다. 원하는 것을 현실로 만들 수 있는 힘이 자신에게 있다는 믿음을 갖는 것이 가장 중요합니다.(사실이 그렇지 않은가요!) 그렇게 하느냐 못하느냐에 따라 긍정화의 효과는 천지 차이로 달라집니다.

 긍정화는 시각화나 상상의 방법과 병행해도 좋고, 시각화를 위한 명상의 일부분으로 활용해도 과적입니다. 긍정화를 활용할 수 있는 여러 방법들에 대해서는 이 책의 뒷부분에 더 자세히 설명해 놓았습니다.

 대부분의 사람들에게는 근원적인 말을 포함한 긍정화가 가장 효과적이고 용기도 불러일으킵니다. 하나님이나 우주, 숭고한 힘, 대지의 여신 어머니, 신의 사랑 같은 단어들은 긍정화에 영적인 힘을 불어넣고, 모든 존재의 근원을 확인시켜줍니다.

✥ 근원적인 말을 포함한 긍정화문

- 내 안의 신이 내게 무한한 힘을 불어넣어 주고 있어.
- 지금 바로 여기에서 이 일을 해낼 수 있게 신의 사랑이 내 안에서 작용하고 있어.
- 내 안의 신이 내 삶에 기적을 낳고 있어.
- 초자아(超自我)가 내가 하는 모든 일을 인도하고 있어.
- 신은 내 안에 있어. 나를 통해 세상에 그 모습을 드러내고 있어.
- 매일매일 먹을 것을 주고 나를 살아 있게 하는 대지의 여신께 감사드려.
- 우주의 빛은 나를 감싸고, 우주의 사랑은 나를 안아주며, 우주의 힘이 내 몸 속을 흐르고 있어. 내가 있는 곳마다 신이 함께해. 그러니 걱정할 게 무어람?

** 언뜻 보기에
모순된 것 같지만 **

시각화에 대한 이야기를 처음 들을 경우, 동양철학을 접해본 적이 있거나 정신이 어느 정도 성숙한 사람들은 시각화를 활용해야 할지 망설이는 경향이 있습니다. 모든 집착과 욕망을 버리고 '지금 여기'의 삶을 소중히 해야 한다는 가르침과 삶에서 진정으로 소망하는 것을 마음속으로 그려보라는 가르침이 '언뜻 보기에' 앞뒤가 안 맞는 것처럼 여겨지기 때문입니다.

그러나 좀 더 깊이 들여다보면, 둘 사이에는 사실 아무런 모순도 없습니다. '언뜻 보기에'란 말을 쓴 이유도 바로 여기에 있습니다. 두 가르침 모두 깨어 있는 사람으로 살아가기 위해 꼭 이해하고 실천해야 할 중요한 원리들입니다.

두 가르침이 서로 어떻게 부합하는지 좀 더 쉽게 이해할 수 있도록 내면의 성장 과정에 대한 필자의 생각을 먼저 얘기해 보겠습니다.

현대인들은 대부분 '자신이 누구인지' 자각하지 못한 채 살아갑니다. 초자아와 소통할 수 있는 고리를 상실한 탓에 삶에 대한 주인의식과 책임감까지 잃어버린 것입니다.

그래서 많은 사람들이 삶이나 세상을 변화시킬 힘이 자신에게는 없다고 느낍니다. 그러면서 이런 무력감을 상쇄하기 위해 세상에 대한 지배력과 통제력을 조금이라도 더 확보하려고 발버둥 칩니다. 많은 사람들이 눈앞의 목적만을 바라보며 맹목적으로 살아가는 것도 이 때문입니다.

자연히 사람들은 외부의 것들, 행복하다는 착각을 얻는 데 필요한 외부의 물질이나 사람들에게 점점 더 얽매입니다. 그러면서 한편으로는 내면의 소중한 무언가를 '잃어버리고' 있는 것 같은 허전함에 시달립니다. 원하는 것을 얻기 위해 외부 세계를 조정하려고 애쓰는 것도 모두 이런 허전함 때문입니다. 그러나 이렇게 억지로 애쓰면 애쓸수록 신경만 점점 날카로워지고 불안과 압박감만 커질 뿐입니다.

삶에서 진정으로 바라는 것을 마음속으로 그려보고자 애쓰는 사람들은 대부분 이러한 상태에 놓여 있습니다. 그러나 불행히도 이런 의식 상태에서는 시각화가 아무런 도움도 안 됩니다. 스스로 너무 많은 장애물을 설치해 놓아서 아예 바라는 것을 이룰 수 없거나, 설사 이룬다 하더라도 결국엔 그것들이 마음의 평화와 행복을 가져다주지는 않는다는 사실을 깨닫게 될 뿐입니다.

그러나 이런 딜레마를 깨닫기 시작하는 순간부터, 삶에서 더 중요한 무언가가 있으리라는 사실을 자각하고 그것을 찾아가는 순례의 길에 첫발을 내딛는 순간부터. 영적인 성장의 길로 들어설 수 있습니다.

이런 탐색 과정에서 저마다 다른 경험들을 하게 될 것입니다. 그러나 결국엔 서서히 자신에게로 되돌아가게 됩니다. 우리의 본질, 모든 사람들 속에 들어 있는 에너지의 실체 속으로 들어가는 것입니다. 이런 경험을 하고 나면, 영적인 힘에 의지하고 내면의 공허감도 채워나갈 수 있습니다.

다시 앞에서 이야기한 역설의 문제로 되돌아가 보겠습니다. 그 공허하고 답답하며 억압적인 상황에서 벗어나는 순간, 가장 먼저 깨닫는 교훈은 바로 모든 것을 '자연스럽게 내버려두라'는 것입니다. 몸과 마음의 긴장을 풀고, 억지로 애쓰지 말며, 자신에게 필요하거나 자신이 원하는 것들을 얻기 위해 주변 상황이나 타인들을 교묘히 조정하려 들지도 말라는 것입니다. 억지로 무언가를 이루어내려 애쓰지 말고, 자신을 있는 그대로 느끼고 체험해보는 것입니다.

잠시라도 이렇게 해보면, 이런 상태로 있는 것이 얼마나 홀가분하고 즐거운지 깨달을 것입니다. 억지로 변화시키려는 욕심 없이 자신과 세상을 있는 그대로 자연스럽게 내버려두는 것만으로도 마음이 얼마나 평온해지는지 알게 될 것입니다.

'지금, 여기'의 삶을 소중히 여기는 것은 이런 상태를 말하는 것입니다. '집착을 버리라'는 불교의 가르침이나 '하나님께서 다 알아서 하실 것입니다'는 기독교의 말씀 모두 이런 상태를 두고 하는 말입니다. 자각의 과정에서는 스스로를 자유롭게 풀어주는 이런 상태를 가장 기본적으로 체험합니다.

이런 체험이 잦아지면, 더 높은 차원의 또 다른 자아에 이르는 길에 발을 내딛게 됩니다. 그러면 곧 엄청난 양의 에너지가 자연스럽게 자신을 관통해 흐르는 느낌이 듭니다.

자신에게 일어나는 모든 일을 이미 완벽하게 주관하고 있다는 사실을 깨닫기 시작하면서, 자신과 타인들에게 더욱 의미 있는 일들을 만들어내는 데 관심을 기울이게 됩니다. 어떤 순간에도 진실로 느낄 수 있는 숭고하고 뜻 깊은 목적에 에너지를 쏟아 붓게 되는 것입니다. 그러면서 삶이란 근본적으로 행복하고 관대하며 때론 유쾌할 수도 있다는 사실을, 억지로 밀고 나가거나 긴장하지 않아도 진실로 원하는 것을 얻을 수 있다는 사실을 깨닫게 됩니다. 그리고 그것들이 그저 살아 있음으로써 자연히 얻게 되는 권리의 일부라는 사실도 알게 됩니다. 바로 이럴 때 시각화는 가장 중요한 도구의 하나로서 제 역할을 다하게 됩니다. 이런 사실을 좀 더 분명히 깨달을 수 있게 이야기를 하나 들려드리겠습니다.

흘러가는 강물과도 같은 우리네 인생. 사람들은 강둑에 착 달라붙은 채 손을 놓으려 하지 않습니다. 혹여 강물에 휩쓸려 가버릴까 두렵기 때문입니다. 그러나 시간이 흘러 때가 무르익으면, 홀가분하게 두 손을 놓고 싶은 사람도 생길 것입니다. 강물이 어딘가로 자신을 안전하게 데려다 주리라 믿으면서. 바로 이 순간, '자연스럽게 흐름을 타게' 되고, 그것이 얼마나 즐겁고 편안한지 깨닫습니다.

차츰 강물의 흐름에 익숙해지면, 앞을 내다보며 자신이 가고자 하는 방향을 잡게 됩니다. 가장 안전해 보이는 길을 찾은 뒤, 뾰족한 돌이나 불거진 나뭇가지를 피해 강물을 따라 흘러갑니다. 숱하게 뻗어 있는 지류와 운하들 중에서 자신에게 가장 알맞은 길을 선택해서 '강물을 타고 강물과 함께' 안전하게 흘러가는 것입니다.

이 이야기는 '지금, 여기'의 삶을 어떤 식으로 받아들여야 하는지 가르쳐줍니다. 지금의 모습을 자연스럽게 받아들이되, 자신의 삶은 스스로 만들어간다는 책임감을 갖고 목표를 향해 의식적으로 스스로를 인도해야 합니다.

시각화는 영혼의 성숙은 물론 다른 목표를 위한 도구로도 활용할 수 있습니다. 환하게 열린 편안한 마음으로, 지금 이곳의 삶을 소중히 생각하며 자연스럽게 흘러가는 자신의 모습, 언제든 자신의 본질과 소통할 수 있는 모습을 그리는 데도 시각화는 큰 도움이 됩니다.

바라는 모든 것들이
이루어지기를!

제 2 부
삶을 긍정적으로 프로그래밍하라

구하라, 그러면 받을 것이다.

찾으라, 그러면 얻을 것이다.

두드리라, 그러면 열릴 것이다.

누구든지 구하면 받고, 찾으면 얻고,

문을 두드리면 열릴 것이다.

《마태복음》 7장 7~8절

** 밥 먹고 세수하는 것처럼
매일매일 **

앞에서 살펴본 것처럼 시각화는 어렵지 않습니다. 중요한 것은 시각화를 어떻게 하면 자신에게 도움이 되도록 활용할 수 있는지, 어떻게 하면 삶을 긍정적으로 변화시킬 수 있는지 익히는 것입니다.

시각화를 가장 효과적으로 활용하기 위해선 먼저 몇 가지 개념을 이해해야 합니다. 그런 다음 여러 가지 방법을 익히는 것이 좋습니다.

먼저 마음속에 담아두어야 할 것은, 생활의 한 부분으로 굳어질 정도로 자주 시각화를 해야 한다는 점입니다. 대부분의 사람들에겐 잠깐씩이라도 매일 시각화를 하는 것이 효과적입니다. 이제 막 시각화를 익히기 시작한 경우에는 특히 더 그렇습니다.

필자의 생각으로는, 매일 아침 눈을 떴을 때와 밤에 잠자리에 들기 전이 시각화를 하기에 가장 효과적인 시간대인 것 같습니다. 그리고 가능하다면, 낮에 15분 정도 시간을 내 규칙적으로 시각화를 하는 것도 좋습니다. 그러나 효과적인 방법과 적당한 시간은 역시 각자가 알아서 선택하는 것이 가장 좋습니다.

시각화를 한다는 것은 새로운 사고방식과 삶의 방식을 받아들인다는 의미이므로 어느 정도의 훈련은 기꺼이 감수해야 합니다.

먼저 서로 다른 상황과 환경에서 시각화를 해 봅니다. 그리고 어떤 종류의 문제든 가능한 한 시각화를 통해 해결하도록 노력해야 합니다.

어찌해야 할지 몰라 고민스럽고 의기소침해지거나 좌절감을 느낄 때, 먼저 시각화로 자신을 도울 방법이 없는지 스스로에게 물어봅니다. 만약 있다면, 적당한 때마다 이 방법을 이용하는 습관을 들입니다.

즉각 효과를 보지 못하더라도 실망할 필요는 전혀 없습니다. 대부분의 사람들에게 있는 부정적인 사고방식은 아주 오랜 세월 굳어진 것입니다. 이런 고질적인 습관을 바꾸는 데는 당연히 시간이 필요합니다. 게다가 우리의 심리 밑바탕에는 깨어 있는 삶을 위한 노력을 방해하는 감정이나 마음도 깔려 있습니다.

그러나 다행히 시각화는 아주 강력한 방법이기 때문에, 적극적이고 의식적인 자세로 단 5분간만 명상을 해도 며칠 아니 오랜 세월 동안 굳어진 부정적인 사고방식을 쉽게 지워버릴 수 있습니다.

그러므로 무엇보다도 먼저 인내심이 있어야 합니다. 자신의 세계를 지금과 같은 모습으로 만드는 데도 수십 년의 세월이 걸리지 않았는가요. 그런 세계를 순식간에 변화시킬 수 있겠는가요(물론 그런 경우도 종종 있지만)? 시각화를 정확히 이해하고 인내심을 갖는다면, 언젠가는 기적 같은 일들을 경험하게 될 것입니다.

시각화를 통한 성숙 과정에서 가장 효과적인 방법은 다음의 두 가지입니다.

① 이상과 꿈을 망각하지 않도록 희망을 불어넣어 주며, 고난의 시기에 용기를 북돋워주는 책들을 꾸준히 읽습니다. 필자는 항상 이런 책을 침대 머리맡에 두고 잠들기 전 매일 한두 쪽씩 읽습니다.

② 깨어 있는 삶을 살기 위해 열심히 노력하는 친구를 사귀거나 그런 동아리 모임을 가집니다. 또한 (비)정규적인 명상 프로그램이나 워크숍, 심리 치료나 교육 프로그램에 참여하는 것도 도움을

주고받을 수 있는 좋은 방법입니다.

다음 장에서는 여러 가지 방법과 아이디어, 명상법을 소개합니다. 이 중에서 자신에게 가장 적합하고 효과적일 것 같은 방법을 택합니다. 시각화에는 여러 단계와 다양한 접근법이 있으므로 최대한 폭넓게 소개하려고 했습니다. 똑같은 상황에서도 어떤 사람에게는 효과적인 방법이 다른 사람에게는 전혀 쓸모없는 경우도 있기 때문입니다. 따라서 가장 끌리는 방법을 시도하는 것이 최선의 길입니다.

예를 들어, 어떤 상황에서 긍정화를 시도했는데 긍정화 문장을 제대로 반복할 수도 없을뿐더러 아무런 효과도 없는 것 같은 느낌이 들었다고 합시다. 이런 경우, 문제를 해결하는 방법에도 여러 가지가 있을 수 있습니다. '마음을 청소하는 명상'을 해보거나 내면에서 그 원인을 찾아볼 수도 있고, 잠시 문제를 접어두고 다른 일에 몰두할 수도 있습니다.

요컨대 무언가에 떠밀려 억지로 힘을 짜내거나 무언가에 억눌린 느낌이 들면 과감하게 그 일을 접습니다. 반면에 아주 편안하고 마음이 활짝 열리는 느낌이 들고, 새로운 힘이 용솟음치고 살아 있다는 자체에 환희를 느끼면 온몸과 마음을 그 일에 집중합니다.

** 존재, 행위, 소유의 삼각관계 **

존재, 행위 그리고 소유, 인생은 이렇게 세 가지 측면으로 이루어져 있습니다. '존재한다'는 것은 맑게 깨인 정신으로 생생하게 살아 움직이는 자신을 온몸으로 느끼는 가장 근본적인 체험입니다. 지금, 바로 현재의 삶에 완전히 몰입하는 순간, 자신 안에서 평화를 구하는 순간, 자신의 존재를 온몸으로 체감합니다.

'행위'는 움직이고 활동하는 것입니다. 행위는 살아 있는 모든 존재들 속에 흐르는 자연적인 창조 에너지에서 비롯되며 생명력의 원천이기도 합니다.

'소유하다'는 것은 이 우주 안에서 다른 사람이나 사물과 관계를 맺으며 존재하는 상황을 말합니다. 다른 사람이나 사물을 자신의 삶 속으로 끌어들이고 받아들이는 능력, 그들과 함께 평화로이 공존하는 능력입니다.

다음 그림이 말해주듯 존재와 행위, 소유는 삼각형의 세 변처럼 서로를 지탱해 줍니다. 서로 다투거나 시기하는 일도 없이 같은 시간, 같은 공간에서 조화를 이루며 공존합니다.

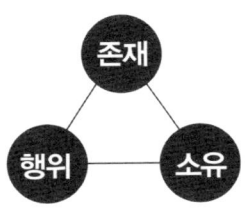

그런데 이런 원리를 거스르며 살아가는 사람들을 종종 볼 수 있습니다. 그런 사람들은 더 행복한 삶을 위한 것이라며 더 좋은 물건, 더 많은 돈에 집착합니다. 그러나 사실 그 결과는 정반대로 나타납니다.

바라는 것을 얻으려면 먼저 진정한 자신으로 존재해야 하며, 그런 후에 꼭 해야 할 일을 실천해야 합니다. 이런 맥락에서 시각화의 궁극적인 목적은 다음과 같습니다.

- 스스로 자신의 존재와 소통한다.
- 정신을 집중해 원하는 일을 쉽게 이룬다.
- 다른 사람들과 함께 자신의 존재를 넓고 깊게 확장시킨다.

☀☀ 의지가 강할수록
소원을 이룰 가능성도 높다 ☀☀
성공적인 시각화를 위한 세 가지 요소

다음 나열한 세 가지 요소 모두 이미 우리 내면에 있는 것들입니다. 시각화의 효과는 이 세 가지 요소에 달려 있습니다.

1. 소망

시각화하기로 선택한 것이 무엇이든, 그것을 소유하거나 이루고 싶다는 바람이 간절해야 합니다. 진실로 그런지 스스로에게 물어봅시다.

"내가 정말 이것을 바라고 있는 걸까?"

2. 믿음

선택한 목표와 실현 가능성에 대한 믿음이 확고할수록 자신감도 더욱 강해집니다. 가슴에 손을 얹고 다시 한 번 물어봅시다.

"내가 정말 이 목표를 이루고자 원하는 것일까?"
"이 목표를 이룰 능력이 있다고 정말 믿고 있는가?"

3. 열린 마음

무언가를 추구하고자 하는 바람이 있다면, 기꺼이 받아들여서 자기 것으로 만들어야 합니다. 간혹 보면, 꼭 성취하고 싶다는 간절한 바람도 없으면서 맹목적으로 어떤 목표를 향해 돌진하는 사람들이 있습니다. 목표보다는 무언가를 향해 질주하고 있다는 생각 자체에 더 안도감을 느끼는 것입니다.

"내가 정말 한 치의 거리낌도 없이 진정으로 이것을 원하고 있는 것일까?" 한번쯤 스스로에게 물어볼 일입니다.

지금까지 이야기한 세 가지 요소를 하나로 뭉뚱그리면 바로 '의지'로 요약할 수 있습니다. 무언가를 이루어내려는 의지가 탄탄하다면—다시 말해, 목표를 달성하려는 욕망이 간절하며, 그것을 이룰 수 있다는 믿음이 강하고, 기꺼이 받아들이고자 한다면—틀림없이 소원을 현실로 만들 수 있을 것입니다. 그것도 아주 짧은 시일 내에.

요컨대 목표를 이루고자 하는 의지가 강할수록 더욱 빨리, 더욱 쉽게 시각화의 효과를 맛볼 것입니다. 그러므로 어떤 상황에서든 자신의 의지를 되짚어보아야 합니다.

의지가 약하거나 불투명하다면 혹여 자신에게 어떤 의혹이나 두려움, 고민이 있는 것은 아닌지 다시 내면을 세심하게 들여다봅니다. 때로는 스스로 인정하고 치유해야만 하는 감정이나 생각이 마음 밑바닥에 숨어 있어서, 자신도 모르는 새에 의혹이나 망설임이 싹트는 경우도 있기 때문입니다. 때때로 이런 망설임은 현재의 목표가 자신에게 딱 들어맞는 것이 아님을 알려주는 신호이기도 합니다.

** 내 안의
또 다른 자아와 만난다 **

시각화를 위해 거쳐야 할 중요한 단계 가운데 하나는 내적 근원과 자신이 하나로 연결되어 있다는 느낌을 체험하는 것입니다. 그것이 바로 끝없는 사랑과 지혜, 이 우주 속을 흐르는 에너지의 원천입니다.

이런 근원은 사람에 따라 하느님이나 우주적 지성, 대영혼, 더 높은 차원의 힘, 혹은 자신의 진정한 본질 등 여러 가지로 받아들일 수 있습니다. 그러나 어떤 식으로 개념화하든, 그것은 지금 바로 여기에 있는 우리들 한 사람 한 사람의 마음속에 항상 존재합니다.

따라서 우리의 근원과 만나는 것은 곧 우리의 초자아, 마음속에 머물고 있는 신적인 존재와 소통하는 것이나 마찬가지입니다. 그리고 이런 소통은 힘과 사랑, 지혜에 대한 깊은 깨달음과 확신으로 나타납니다. 모든 경험을 만들어내는 것이 그 누구도 아닌 바로 자기 자신이며,

깨달음의 과정에서 꼭 경험하고 넘어가야 할 중요한 일들을 만들어내는 힘이 바로 자신에게 있다는 사실을 깨우치는 것입니다.

누구나 초자아와 단나본 경험이 있을 것입니다. 단지 그것을 개념화하지 않을 뿐입니다. 예를 들어, '세상 꼭대기에 올라앉아 있거나', '태산이라도 움직일 수 있을 것처럼' 몸과 마음이 날아갈 듯 가뿐하고, 정신이 맑고 또렷해지는 느낌이 든 적이 있을 것입니다. 바로, 자신의 초자아와 소통하고 있다는 신호입니다.

누군가와 '사랑에 빠지는 것'도 같은 경험입니다. 다른 사람을 사랑하는 마음이 있으면, 자신의 가장 숭고한 자아를 그대로 드러내며, 이로써 자신과 세상을 새롭고 황홀한 눈으로 바라볼 수 있습니다.

초자아와 처음 접촉할 때는 이런 경험이 자신을 휩쓸고 지나가는 느낌이 들 것입니다. 어느 순간, 자신이 강하고 명쾌하며 창조적인 사람인 것 같다가도, 다음 순간에는 혼돈과 의혹의 나락으로 내동댕이쳐지는 느낌이 들기 때문입니다. 그러나 이 역시 자연스런 과정의 하나일 뿐입니다.

일단 초자아와 소통을 시작하고 나면, 필요할 때면 언제든 다시 접촉할 수 있습니다. 그러면서 차츰 초자아와 함께하는 시간이 점점 길어지는 것을 느낍니다.

우리의 내면과 초자아는 서로 통하기 때문에, 흐름을 원활하게 만들어주는 것이 중요합니다.

수동적인 방법: 명상을 통해 개성을 잠재우고 '절대'의 공간 속으로 들어갈 때, 직관을 통해 자신에게 다다르기 위해 더 높은 지혜와 가르침을 위한 통로를 열어놓습니다. 그런 다음 물음을 던지고 그 답이 주어지기를 기다립니다. 그 답은 음성이나 마음속 이미지, 감동적인 영상 등 어떤 형태로든 다가올 수 있습니다.

능동적인 방법: 자신이 자기 삶의 창조자라는 것을 느낄 때 진정으로 원하는 것을 선택할 수 있습니다. 그리고 적극적인 시각화와 긍정화를 통해 선택을 실현시키는 일에 초자아의 무한한 에너지와 힘, 지혜를 쏟아붓습니다. 이런 소통이 자유자재로 이루어질 때 더 높은 지혜의 인도를 받을 수 있습니다. 그리고 이런 인도에 따라 선택할 때 가장 숭고하고 아름다운 방식으로 자신의 세계를 일구어 나갑니다.

어떤 형태의 명상이든 대부분 초자아나 영적인 근원을 체험할 수 있도록 이끌어줍니다. 이런 체험이 도대체 어떤 것인지 확실하게 느껴지지 않더라도 걱정할 필요는 없습니다. 그저 몸과 마음의 긴장을 풀고, 시각화와 긍정화를 위한 명상을 꾸준히 계속하기만 하면 됩니다.

이렇게 명상을 계속하다 보면 아주 특별한 순간을 맞이하게 됩니다. 컴퓨터 마우스를 클릭했을 때처럼 의식이 째까닥 소리를 내며 활짝 열리고 모든 것이 활발하게 움직이기 시작하는 느낌이 드는 순간, 엄청난 에너지가 우리를 관통해 흐르거나 몸속에서 활활 타오르는 뜨거운 불꽃이 치솟는 느낌이 듭니다. 이런 느낌들은 초자아가 갖고 있는 에너지의 물꼬가 트이기 시작했음을 보여주는 신호입니다. 다음은 이런 느낌에 젖어들도록 도와주는 명상법입니다.

편안한 자세로 앉거나 눕습니다. 몸과 마음의 긴장을 모두 풀고, 천천히 깊게 숨을 들이쉬고 내쉬면서 점점 더 깊이 평온한 상태로 빠져듭니다.

가슴속에서 활활 타오르는 불꽃을 하나 그려봅니다. 밝은 빛을 내뿜으며 따스하게 타오르는 불꽃. 그 불꽃이 점점 더 크고 밝게 타오릅니다. 멀리, 아주 멀리까지 밝은 빛을 내뿜어서 마침내 우리를 황금빛 태양처럼 보이게 만듭니다. 주변의 모든 사물과 사람들에게 사랑의 에너지를 비추는 황금빛 태양처럼.

고요히, 그러나 확신에 찬 목소리로 자신에게 말합니다. "빛과 사랑이 내 안에 흐르면서, 주변의 모든 것에 그 빛과 사랑을 비춰주고 있다."

자신의 에너지가 강하게 느껴질 때까지 이 말을 속으로 끊임없이 되뇝니다. 필요하다면 자신의 힘과 빛 혹은 에너지를 긍정하는 말을 속으로 반복해도 좋습니다. 아니면 자신에게 남다른 의미나 효과가 있는 다른 구절을 이용해도 됩니다.

- 지금 신이 나를 통해 작용하고 있어.
- 나는 좋은 에너지로 충만해.
- 빛이 지금 여기에서 내 삶에 기적을 만들어내고 있어.

✱✱ 한 가지 목표에만
집착하지 말라 ✱✱

시각화를 효과적으로 이용하는 유일한 길은 노자가 얘기한 '도(道)'에 깃들어 있습니다.

'물 흐르는 대로', 즉 물과 하나가 되어 물의 흐름을 따라가라는 것입니다. 자신이 원하는 곳에 이르기 위해 억지로 힘을 줘어 짜내지 말고, 그저 가고 싶은 곳을 기억하면서 인생이라는 강물이 우리를 그곳에 데려다줄 때까지 편안한 마음으로 묵묵히 강물의 흐름을 따라가라는 의미입니다.

인생이라는 강물을 따라 흘러가다 보면 종종 험난한 길도 만나게 됩니다. 그리고 목적지와는 전혀 다른 방향으로 가는 길처럼 느껴지기도 할 것입니다. 그러나 긴 안목에서 보면 버둥대며 억지로 가는 것보다 이런 길이 더 편안하고 조화로운 길입니다.

'물 흐르는 대로 따라가라'는 것은, 아주 중요한 일처럼 여겨지더라도 목표에만 지나치게 집착하지 말라는 뜻입니다. 자신에게 잘 어울리고 마음에 드는 무언가가 나타나면 기꺼이 목표를 바꾸어 다시 새로운 길을 떠날 수도 있는 것입니다.

다시 말해, 목적지를 언제나 마음속에 담아두고 있되, 길을 가다 마주치는 아름다운 경치도 즐길 줄 알아야 합니다. 그리고 삶이 자신을 전혀 다른 방향으로 인도하면 흔쾌히 목적지를 변경할 줄도 알아야 합니다. 요컨대 꼿꼿하되 휠 줄도 알아야 합니다.

목표의 성취 여부에 대한 생각에 따라 감정이 오르락내리락하면(못 이룰 것 같은 생각이 들면 몹시 우울해 하고, 잘될 것 같은 생각이 들면 금방이라도 날아갈 듯 좋아하는 경우) 자신도 모르는 사이 자신에게 나쁜 영향을 미치는 행동을 하기 쉽습니다. 원하는 것을 못 이루면 어쩌나 하는 두려움에 휩싸여, 목표 그 자체보다 목표를 이루지 못할지도 모른다는 생각에 더 많은 에너지를 허비할 수도 있습니다.

따라서 감정적으로 목표에 지나치게 얽매여 있는 것 같으면, 먼저 그런 감정을 움직여보는 것이 가장 효과적이고 올바른 방법입니다. 목표를 이루지 못할 수도 있다는 생각 때문에 어떤 두려움을 느끼는지 충분히 살펴본 다음, 긍정화를 통해 더 자신 있고 평온한 마음을 갖도록 노력하거나 용감하게 그 두려움과 마주합니다. 이럴 때 다음과 같은 긍정화문을 활용할 수 있습니다.

두려움을 걷어내는 말
- 아! 끝없이 펼쳐져 있는 이 우주!
- 집착할 필요 없어.
- 물 흐르는 대로 편안히 나를 맡겨두고 있어.
- 언제나 내겐 필요한 모든 것들이 있어.
- 내게 필요한 사랑은 내 가슴속에 충분히 있어.
- 나는 사랑스럽고 따스한 사람이야.
- 원래 나는 완벽해.
- 신의 사랑이 나를 인도하고 있으며, 나는 언제나 신의 보살핌을 받고 있어.
- 우주는 언제나 내게 필요한 것들을 줘.

물론, 감정적으로 애착이 가는 것들을 시각화를 통해 선명하게 마음속으로 그려보는 것도 훌륭한 방법입니다. 때에 따라서는 이 방법이 더 효과적일 수도 있습니다. 그러나 목표를 이루지 못하면 어떻게 될까 하는 두려움 때문에 무언가를 마음속으로 그리려고 애쓰고 있는 것은 아닌지 자신을 들여다볼 필요가 있습니다.

 혹시 그렇다면 마음을 편안히 먹고 자신의 감정을 있는 그대로 받아들여야 합니다. 소망하는 것을 즉시 이루기 어렵다는 사실을 인정하고, 두려움을 더 깊숙이 들여다봅니다. 그리고 마음의 갈등을 푸는 것 역시 영혼의 성숙을 위해 넘어야 할 중요한 과정의 하나이며, 자신을 더 깊이 이해하는 좋은 기회가 될 수도 있음을 깨닫습니다.

 시각화를 하는 도중 진실로 원하는 것도 아닌데 억지로 그려내려 애쓰고 있는 것 같은 느낌이 들면, 한 발짝 뒤로 물러서서 초자아에게 이것이 최선의 방법인지, 자신이 진정으로 갈구하는 것인지 물어봅니다. 미처 상상도 못했던 더 좋은 무언가가 문득 나타날지도 모릅니다. 이와 관련해 최근에 어떤 남성에게서 들은 이야기가 있습니다.

 몇 해 전까지만 해도 그는 코미디언이 되려는 꿈을 갖고 있었습니다. 그래서 이 책을 사서 본 다음, 그는 멋진 코미디언이 되어 있는 자신의 모습을 떠올렸습니다. 그런데 아무리 애를 써도, 실제로 그렇게 될 것 같은 기분이 들지도 않았을 뿐더러, 그렇게 되어 있는 모습도 상상이 안 됐습니다.

 그는 이 일을 자신의 목표를 재검토해보라는 계시로 받아들였습니다. 결국 그는 숱한 방황을 거친 끝에 대학을 졸업해서 목사 겸 심리치료사가 되었습니다. 그가 진정으로 원하는 일은 바로 이것이었던 것입니다.

현재 그는 불가사의한 형이상학적 현상을 집중적으로 파헤치는 텔레비전 토크쇼의 진행자이기도 합니다. 이 이색적이고 다양한 경력이 그에게 얼마나 잘 어울리는지!

이 남성은 자신이 원한다고 생각하던 것을 마음속으로 그리는 데 실패한 덕분에 오히려 자신에게 꼭 맞는 새로운 진로를 찾을 수 있었습니다. 이 이야기는 우리가 자신이 진정으로 원하는 것을 잘 모를 수도 있음을 보여주는 좋은 예입니다. 그러니 물 흐르는 대로 따라갈 수밖에요!

** 원하는 것은
이미 가까이에 있다 **

충만감을 키우는 것도 시각화 과정에서 아주 중요한 부분입니다. 충만감을 키우는 것은 우주가 본질적으로 풍요로우며, 신체적으로는 물론 영적·정신적·감정적으로도 진실로 원하는 것이면 무엇이든 이루어진다는 사실을 깨닫거나 일부러라도 그런 생각을 가지려 애쓰는 것을 의미합니다.

우리가 정말로 원하거나 필요로 하는 모든 것은 바로 여기, 구하면 얻을 수 있는 가까운 곳에 있습니다. 사실이 그렇다는 것을 진심으로 믿고, 원하는 것을 진실로 갈구하며, 기꺼이 받아들이기만 하면 됩니다.

그러나 원하는 것을 추구하면서도 이루지 못할 때가 많습니다. 그 이유 가운데 하나는 바로 '결핍 프로그래밍', 즉 삶에 대한 부정적인 자세나 잘못된 생각들입니다.

충만감을 가로막는 생각

- 세상의 물질은 모든 사람들에게 골고루 돌아갈 만큼 충분치가 않아.
- 사는 건 원래 고통이야.
- 다른 사람들은 그렇지 못한데 나만 풍족하게 갖는 건 비도덕적이고 이기적인 일이야.
- 인생은 거칠고 험난한 눈물의 골짜기야.
- 무엇이든 얻으려면 열심히 일하며 희생해야 돼.
- 가난이 더 고귀하고 탈속적인 것이야.

이것들은 모두 그릇된 생각입니다. 우주의 작용 원리나 몇 가지 중요한 정신적 원리들에 대한 이해의 부족 혹은 오해에서 비롯된 생각들입니다. 이런 생각들은 자신은 물론이고 다른 누구에게도 전혀 도움이 안 됩니다. 태어나면서부터 모든 면에서 풍요로운 상태에 있다는 사실을 깨닫지 못하도록 모두를 가두어둘 뿐입니다.

물론, 지구상의 많은 사람들이 기근과 가난으로 고통 받고 있다는 것이 엄연한 현실입니다. 그렇다고 그런 현실에만 매달려 영속화할 필요는 없습니다. 지구상의 모든 생명체에게 나눠주고도 남을 만큼 먹을 것이 풍부한 게 사실이기 때문입니다. 그러한 가능성을 향해 마음의 문을 활짝 열어두고, 지구의 자원을 이용하고 분배하는 지금의 방식을 기꺼이 변화시키고자 한다면 말입니다.

우주는 대단히 풍요로운 곳이며, 누구나 태어나면서부터 물질적으로나 정신적으로 부족함이 없도록 예정되어 있는 존재들입니다.

그러나 근대로 접어들면서 인류는 태어나면서부터 부여받은 이 자연스러운 풍요의 상태에서 멀어졌습니다. 이와 함께 균형이 산산이 깨져버린 세계를 만들어가고 있습니다. 이러한 세계에서 극소수 사람들은 필요한 양보다 훨씬 많이 소유하고, 자연자원을 끔찍할 정도로 게걸스럽게 고갈시키고 있습니다. 반면, 대다수 사람들은 심각한 가난으로 고통받고 있습니다.

이런 현실을 초래한 책임은 모두에게 있으며, 이를 변화시키려면 사고방식과 생활방식을 바꾸어야 합니다. 삶의 소박한 즐거움을 음미하며 즐길 줄 아는 능력을 되찾아야만 합니다.

산업사회에서 살아가는 사람들은 더 소박하고 자연 친화적인 생활방식을 키워야 합니다. 기본적인 욕구를 충족하고 난 후에는 사치스런 소비보다는 창조적인 재능을 표현하고 조화롭게 나누며 살아가는 법을 익혀야 합니다. 그러면서 풍요로움을 만끽해야 한다는 사실을 깨달아야 합니다.

 지구는 한없이 너그럽고 아름다우며 살아가기에 부족함이 없는 곳입니다. 그러나 이런 진실을 제대로 이해하지 못함으로 인해 '악'이 싹틉니다. 악(무지)은 그림자와 같으며 실체는 어디에도 없습니다. 그저 빛이 없는 상태일 뿐입니다. 그렇지만 그림자와 맞붙어 싸우며 발로 짓밟고, 감정적·물리적 압력을 가해도 그림자를 사라지게 만들 수는 없습니다. 그림자를 없앨 수 있는 유일한 길은 그림자에 빛을 비추는 것입니다.

 풍요로움의 가능성을 믿지 못해서 스스로 주춤거리고 있지는 않은지 내면을 가만히 들여다봅니다. 충만감을 만끽하며 살아가는 자신의 모습을 사실처럼 생생하게 그려볼 수 있는가요? 자신을 에워싸고 있는 미덕과 아름다움, 풍요로움을 그려볼 수 있는가요? 세상이 풍요롭고 살기 좋은 곳으로 변해서 모든 사람들이 행복하게 사는 모습을 그려볼 수 있는가요?

 만약 세상이 자비로운 곳이고 모든 이에게 힘이 되는 곳이라는 사실이 잘 이해되지 않는다면, 원하는 것을 이루어내는 데도 큰 어려움이 뒤따를 것입니다. 인간의 본성이 본질적으로 사랑에 있으므로, 자신이 원하는 것을 얻으면 다른 사람을 착취하는 일이 될 수도 있다는 생각을 갖고 있는 한 원하는 것을 자신에게 허락할 수 없기 때문입니다.

따라서 자신이 간절하게 원하는 것을 얻는 일이 인류의 행복이라는 보편적인 진리에 기여하는 것이며, 아울러 스스로 행복을 만들어가도록 다른 사람들을 돕는 길이기도 하다는 사실을 가슴 깊이 깨달아야 합니다. 그리고 충만감을 느끼기 위해선 다른 사람들도 자신과 마찬가지로 살고 있다는 전제 하에, 자신이 좋아하는 일을 하고 이루어낸 것에 만족하며 원하는 방식대로 살아가는 자신의 모습을 그려낼 수 있어야 합니다.

이제 가벼운 마음으로 다음의 명상을 합니다. 상상력이 풍부해지고 진정한 풍요를 그려내는 능력도 커질 것입니다.

- **풍요를 그려내는 명상**

편안한 자세로 몸과 마음의 긴장을 풀어줍니다. 그러고 나서 상쾌한 자연 속에 있는 자신의 모습을 그려봅니다. 탁 트인 푸른 초원이나 눈부시도록 하얀 백사장 위에 누워 책을 읽는 모습을 상상할 수도 있습니다. 얼마 동안 그 아름다운 풍경을 구석구석 세밀하게 그려보고, 그

경치에 감사하는 자신의 모습을 떠올립니다.

이제 조금 걸어봅니다. 전혀 색다른 풍경에 놓여 있는 자신을 발견할 것입니다. 황금빛 곡식이 일렁이는 논밭 주위를 서성이거나, 호수에서 수영을 즐기는 모습을 떠올려볼 수도 있습니다. 이리저리 계속 거닐다 보면 더욱 절묘한 경치가 눈앞에 펼쳐집니다. 산이나 숲, 사막…… 환상 속에 그리던 것과 똑같은 아름다운 경치들…… 잠시 멈추어 서서 그런 풍경들을 하나하나 음미해봅니다.

누추하지만 아늑하고 따스한 집이나, 가장 편안한 느낌을 주는 곳으로 돌아가는 모습을 떠올립니다. 내 주변에 있는 사랑스런 가족들이나 친구들, 이웃사람들의 얼굴을 그려봅니다. 그리고는 좋아하는 일을 하면서 가장 자연스런 방식으로 자신을 표현하며 살아가는 모습을 상상해봅니다. 다른 사람들의 인정과 경제적인 보상을 받고 풍요로운 환경에서 삶을 만끽하며 살아가는 자신의 모습을 떠올리는 것입니다.

마지막으로 한 발짝 뒤로 물러서서, 소박하지만 풍요를 누리며 조화롭게 살아가는 사람들이 가득한 세상의 모습이 선명하게 그려지는지 확인합니다.

충만감을 높여주는 말
- 나는 소박함 속에서 넉넉함을 발견할 줄 알아.
- 이 우주는 풍요로운 곳이므로 모든 이들에게 골고루 돌아갈 만큼 먹을 것이 충분해.
- 나는 풍요로움을 감사하는 마음으로 기꺼이 받아들일 준비가 되어 있어.
- 신은 내게 필요한 모든 것들을 제공해주고 있어.
- 내겐 풍요롭고 행복하게 살 권리가 있어.
- 풍족하면 풍족할수록 다른 모든 이들과 더 많이 나누어야 해.
- 삶이 내게 가져다줄 모든 기쁨과 풍요로움을 기꺼이 받아들일 준비가 되어 있어.
- 세계는 지금 모든 이들에게 관대한 곳으로 변해가고 있어.
- 나는 별 어려움 없이 경제적으로도 성공을 이루고 있어.
- 나는 지금 경제적인 풍족함을 만끽하고 있어.
- 인생이란 원래 즐거운 것, 나는 지금 삶을 만끽하고 있어.
- 난 자각력과 표현력이 풍부해.
- 가족들에게 필요한 것들을 살 수 있는 돈이 내겐 충분히 있어.
- 나는 매달 만족할 만큼의 돈을 벌고 있어.
- 나는 부유하고 건강하며 행복해.

** 난 이미
거듭나고 있다 **

시각화로 원하는 것을 이루어내려면, 삶이 가져다준 최고의 선물, 즉 자신의 '가치'를 기꺼이 인정할 줄 알아야 합니다.

이상하게 들릴지 모르지만, 사실 우리 대부분은 원하는 것을 충분히 가질 수 있다는 생각을 잘 받아들이지 못합니다. 이런 태도는 대개 어린 시절부터 싹튼 정서, 자신은 보잘것없는 존재라는 생각에서 비롯됩니다. '나는 착한 사람도, 사랑스럽거나 소중한 사람도 아니야. 그런 내가 어떻게 원하는 것을 가질 수 있겠어?' 이런 생각이 항상 마음 밑바닥에 깔려 있습니다.

물론 이런 생각들 속에는 대개 자신은 흠잡을 데 없이 완벽하며 가치 있는 존재라는 다소 모순적인 생각들도 뒤섞여 있습니다. 그러나 더 바랄 것 없이 완벽한 환경에서 살아가는 자신의 모습이 잘 그려지지 않거나, '천만에, 그건 가질 수 없을 거야', '나한테 그런 일이 일어 날 리 없지' 같은 부정적인 생각이 자주 든다면, 자기 이미지(self-image)를 꼼꼼히 들여다보는 게 좋습니다.

자기 이미지는 자신을 바라보는 방식으로, 스스로 자신을 어떻게 평가하고 있는지 비춰주는 거울과 같습니다. 자연히 자기 이미지는 복합적이고 다면적인 경우가 많습니다.

자기 이미지의 다양한 측면들과 접촉할 수 있도록 스스로 질문을 해봅시다. "지금 나는 자신에 대해 어떻게 생각하고 있는가?" 언제, 어떤 상황에서 질문을 하든 상관없습니다. 그저 매 순간 자신에 대해 어떤 생각이나 이미지를 품고 있는지 확인해보기만 하면 됩니다.

한 가지 재미있고도 확실한 방법이 있습니다. "나의 외모를 나 자신은 어떻게 평가하는가?" 하는 물음을 통해 자기 이미지를 확인해보는 것입니다. 스스로를 꼴사납거나 추하다거나, 뚱뚱하다거나 빼빼 말랐다거나, 혹은 몸집이 너무 작거나 비대하다고 생각한다면, 자신이 누리고도 남을 만한 것을 스스로에게 허용할 만큼 충분히 자신을 사랑하고 있지 않다는 증거입니다. 숨 막힐 정도로 아름답고 매력적이면서도 자신을 추하고 하잘것없으며 가치 없는 존재로 생각하는 사람들이 의

외로 많습니다. 그런 사람들을 볼 때마다 필자는 정말이지 깜짝깜짝 놀라곤 합니다.

긍정화와 시각화는 더 호의적이고 따스한 시각으로 자기 이미지를 창조해내게 도와주는 훌륭한 방법입니다. 일단 자신을 사랑하지 못하는 이유를 파악하고 나서, 기회가 있을 때마다 밝고 애정 어린 감사의 말들을 마음속으로 속삭입니다. 그리고 자신에 대해 냉정하고 비판적인 마음이 들 때마다 의식적으로 따스한 마음으로 다독여줍니다. 그러다 보면, 자신은 물론 다른 사람들까지 더 깊이 사랑하게 됩니다.

스스로도 기특하다고 생각하는 자신의 특별한 장점들을 떠올려봅니다. 그러면 친구의 단점이나 결함을 환히 꿰뚫고 있으면서도 친구를 사랑할 수 있는 것처럼, 자신에게 개선해야 할 점이 있음을 분명히 인식하면서도 자신을 깊이 사랑하게 될 것입니다.

자신에게 다음과 같은 말을 해주면, 마음이 훨씬 밝아지면서 삶에서 기적 같은 일들이 일어날 것입니다.

✥ 스스로를 키워주는 말 1

- 나는 정말 사랑스러운 사람이야.
- 나는 친절하며 정도 많고, 다른 사람들에게 나눠줄 것도 많이 갖고 있어.
- 나는 재능도 많고 지적이며 창조적인 사람이야.
- 나는 하루하루 점점 더 매력적으로 변해가고 있어.
- 내겐 살아가면서 최상의 것들을 누릴 자격이 있어.
- 나한테는 베풀 것이 많아. 다른 사람들도 그렇게 생각하고 있어.
- 나는 세상을 사랑하고, 세상도 나를 사랑해.
- 나는 기필코 성공할 거야.

이 밖에도 자신에게 도움이 될 것 같은 말이 있으면 무엇이든 사용합니다. 자신의 이름을 집어넣은 2인칭 문장을 사용하는 것도 대단히 효과적입니다.

예를 들면 다음과 같습니다.

"○○야, 넌 정말 똑똑하고 재미있는 사람이야. 난 네가 정말 좋아."
"○○야, 어쩜 그렇게 따스하고 인정이 많니? 너의 그런 점을 사람들도 정말 높이 평가하고 있어."

이처럼 자신에게 직접 이야기하는 방법은 특히 더 효과적입니다. 부정적인 자기 이미지는 대부분 어린 시절 다른 사람들에게 들은 말("이 나쁜 녀석!", "이 멍청한 놈!", "이 쓸모없는 녀석 같으니라구" 등)을 통해 잘못 주입된 것이기 때문입니다.

사랑하는 누군가를 대하는 것처럼 자신에게 사랑을 쏟는 모습을 그려봅니다. 내 안의 부모가 내 안의 어린아이에게 사랑과 애정을 쏟는 것 같은 모습을 상상해보는 것입니다.

❖ **스스로를 키워주는 말 2**
- 난 널 사랑해.
- 넌 정말 아름다운 사람이야.
- 너의 섬세한 감수성과 솔직함이 난 정말 좋아.

자신에게 어떤 신체적 결함이 있다고 고민하든, 시각화는 모든 문제에 적용할 수 있는 놀라운 해결책입니다. 예를 들어, 자신이 뚱뚱하다고 생각한다면 두 가지 해결 방법을 한꺼번에 적용할 수 있습니다.

① 긍정화와 사랑을 통해 '현재 자신의 모습을 있는 그대로 사랑하

고 인정하는 법'을 배웁니다.
② 시각화와 긍정화를 통해 '자신이 바라는 자신의 모습', 즉 날씬하고 건강하며 행복한 자신의 모습을 그려봅니다.

이런 방법들은 실제로 변화를 일으키는 데 대단히 효과적입니다(비만을 포함한 많은 신체적 문제를 일으키는 원인은 흔히 정서적인 문제에 깊이 뿌리박고 있습니다. 그러므로 이런 문제들을 전문적으로 다루는 사람에게 도움의 손길을 요청해보는 것도 좋습니다. 이런 방법은 별로 마음에 들지 않는 자신의 일면을 변화시키는 데도 좋습니다).

새롭게 다가오는 매 순간마다 자신이 새로운 사람으로 거듭나고 있음을 잊지 말아야 합니다. 매일이 새로운 날이며, 하루하루는 자신이 얼마나 사랑스럽고 따스하고 훌륭한 사람인지 깨달을 수 있는 기회의 시간들입니다.

자기 이미지를 높이는 것 못지않게 우주의 자비로움을 받아들일 수 있도록 마음의 문을 활짝 여는 것도 중요합니다. 이를 위한 긍정화의 예로는 다음과 같은 것들이 있습니다.

❖ 마음의 문을 열어주는 말

- 나는 풍요로운 우주의 축복을 즐거이 받아들이고 있어.
- 모든 좋은 것들이 자연스럽게 내게로 다가오고 있어('모든 좋은 것들'이란 말 대신에 사랑이나 풍요, 창조력, 훈훈한 인간관계 등 자신이 소망하는 다른 것들을 집어넣어도 좋다).
- 나는 지금 여기에서 내게로 흘러드는 나의 장점을 받아들이고 있어.
- 나는 최상의 것들을 누릴 자격이 있어.
- 지금 최상의 것들이 내게 주어지고 있어.
- 받으면 받는 만큼 나눠야 해.

다음은 자부심을 높이고 사랑과 에너지를 조절하는 역량을 키워주는 명상법입니다.

일상생활을 하는 자신의 모습을 떠올립니다. 그런데 누군가(잘 아는 사람일 수도 있고, 낯선 이방인일 수도 있다) 애정 어린 눈길로 나를 지켜보고 있습니다. 그 사람이 이런저런 이유로 나를 정말로 좋아한다고 말합니다. 그러자 여러 사람들이 내게로 다가와, 하나같이 내가 정말로 훌륭한 사람이라고 입이 마르도록 칭찬해준다. 약간 당혹스러워도 난 그 자리를 떠나지 않습니다.

이제 점점 더 많은 사람들이 몰려들어 한없는 사랑과 존경의 눈길로 나를 우러러봅니다. 박수갈채를 보내며 환호하는 군중과 함께 행진하거나 단상 위에 올라가 있는 자신을 그려봅니다. 사람들 모두 나를 사랑하고 칭송합니다. 귓전을 울리는 군중의 갈채 소리에 가만히 귀 기울입니다. 일어나 고개 숙여 정중히 인사하고, 그들의 후원과 사랑에 감사를 보냅니다.

❖ 자존심을 키워주는 말
- 나는 내 모습을 있는 그대로 완벽하게 받아들여.
- 다른 누군가를 기쁘게 해주려고 애쓸 필요는 없어. 나 자신을 사랑하는 것, 정말로 중요한 일은 이것이야.
- 다른 사람들 앞에서도 나 자신이 대단히 만족스러워.
- 나는 거리낌 없이 자신을 자유롭게 표현해.
- 나는 힘 있고 사랑스러우며 특별한 존재야.

** 주면 줄수록
더 받는다 **

'흘러넘침'도 중요한 원리의 하나입니다. 우주는 순수한 에너지로 이루어져 있는데, 움직이며 흐르는 것이 이 에너지의 본질입니다. 생명의 본질도 끊임없는 변화와 자연스런 흐름에 있습니다. 이를 깨달으면 우리도 그 흐름을 탈 수 있습니다. 무언가를 끊임없이 주고받을 뿐 '잃는 것은 아무것도 없다'는 사실을 깨달으면 자유로이 무언가를 나눌 수 있는 것입니다.

우주의 자애로움을 받아들이는 법을 터득하고 나면, 누구나 그 자애로움을 나누고 싶어 합니다. 자기 안의 에너지를 비워내는 순간, 더 많은 에너지를 받아들일 수 있는 공간이 생긴다는 사실을 잘 알기 때문입니다.

그러나 막연한 불안감이나 '무언가 부족한 것 같은' 느낌 때문에 자기 것에만 매달리고 집착하다 보면, 이 신비로운 에너지의 흐름은 끊

겨버리고 맙니다. 자신이 갖고 있는 것에만 연연하다 보면 에너지를 끊임없이 흐르도록 만들 수 없고, 결국 새로운 에너지를 받아들일 공간도 준비할 수 없기 때문입니다.

이런 에너지는 사랑이나 애정, 감사하고 인정하는 마음, 소유물, 돈 등 여러 가지 형태를 띠고 있습니다. 그렇지만 이 다양한 형태를 지닌 에너지의 본질은 똑같습니다.

이웃들 중에서 아주 불행해 보이는 사람들을 가만히 살펴봅시다. 그런 사람들은 어떤 이유로든 '쇠약해진' 감정을 갖고 있으며, 그로 인해 삶에 더 집착할 때가 많다는 사실을 발견할 것입니다.

그들은 삶이, 혹은 다른 사람들이 자신들에게 필요한 것을 주지 않는다고 생각합니다. 그러나 이런 생각은 자기 삶의 목을 스스로 조르는 것과 같습니다. 자신에게 필요한 사랑과 만족감을 얻기 위해 필사적으로 노력하면서도, 실제로는 공급로 자체를 차단하고 있기 때문입니다. 거의 모든 사람들에게 조금씩은 이런 성향이 있습니다.

그러나 내면에서 에너지가 발산되는 곳을 찾으면 이런 흐름을 바로잡을 수 있습니다. 진정한 발산은 희생이나 독선, 신성에 대한 이해에서 비롯되는 것이 아니라, 순수한 발산의 기쁨 그 자체를 위한 것이기 때문입니다. 에너지의 발산은 오로지 사랑이 충만한 공간에서 시작됩니다.

'무한한 사랑과 행복의 원천은 바로 우리 안'에 있습니다. 그러나 대다수 사람들은 행복해지려면 외부에서 무언가를 찾아야 한다는 생각에 사로잡혀 있습니다. 사실은 정반대인데도 말입니다.

그러므로 내면에 있는 사랑 및 행복의 원천과 접촉하는 법을 익히고 타인들과 나눌 수 있도록, 에너지의 흐름을 밖으로 돌릴 수 있어야 합니다. 이렇게 하는 것이 고결한 행동이어서가 아니라, 이 자체가 정말로 즐거운 일이기 때문입니다.

일단 에너지의 흐름을 타면, 자연히 그 에너지를 함께 나누고 싶은 마음이 듭니다. 함께 나누는 것이 바로 사랑의 본질이며, 모두가 사랑으로 충만한 존재들이기 때문입니다.

우리 안에 있는 사랑의 에너지를 밖으로 흘려보내면, 내부에는 더 많은 사랑이 흘러들 여지가 생깁니다. 또한 이런 일 자체가 행복하기 그지없다는 것을 깨닫게 되면서, 그렇게 하고픈 마음이 더욱더 커집니다. 더 많이 나눠줄수록 세상으로부터 더 많은 것을 얻는 것 같은 느낌이 들기 때문입니다.

바로 '유출과 유입'의 원리(자연은 진공상태를 싫어한다. 따라서 무언가를 밖으로 흘려보내는 것은 곧 새로운 무언가를 받아들일 공간을 만드는 일이다)에 따라 줌으로써 받게 되는 것입니다. 이런 원리를 충분히 깨닫고 실천하며 살아갈 때, 태어나면서부터 갖고 있던 사랑의 본성을 밖으로 표출해낼 수 있습니다.

그러므로 시각화를 행할 때, '주는' 것에 더 마음을 쓸수록 꿈을 실현하는 일도 훨씬 수월해집니다. 그러나 '받아들이는 일도 똑같이 즐거움으로 여길 수 있어야 계속해서 줄 수 있다'는 사실을 항상 명심해야 합니다. 물론, 이 '준다'는 말 속에는 '자기 자신에게 준다'는 의미도 담겨 있습니다.

다른 사람과 세상을 향해 에너지를 흘려보내는 일도 수행을 하면 완벽하게 실천할 수 있습니다. 밖으로 비워내는 것이 얼마나 행복한 일인지 체험하고 싶다면 의식적으로 그런 수행을 해야만 합니다.

다음은 에너지를 밖으로 비워내고 나누기 위한 방법들입니다.

1. 최대한 다양한 방식으로 타인들에게 감사의 마음을 전하는 습관

을 들인다.

지금 바로 자리에 앉아서 사랑과 감사를 전하고 싶은 사람들의 이름을 죽 적어봅니다. 그리고 다음 주 안에 그들 한 사람 한 사람에게 마음을 전할 방법을 생각합니다. 직접적인 말이나 신체 접촉, 선물이나 전화 연락, 편지, 돈 혹은 다른 사람을 즐겁게 해주는 자신의 재능을 나누어주는 것 등 여러 가지 형태가 될 수 있습니다. 다소 힘들더라도 자신도 즐거운 방법을 선택하는 것이 좋습니다.

기꺼이 그러고 싶은 마음이 들 때마다 타인들에게 칭찬과 감사의 말을 해주는 연습을 합니다. "절 도와주셔서 정말 고맙습니다"라거나 "그 점 정말 고맙게 생각하고 있어요", "그런 말을 할 때 당신 눈이 반짝반짝 아름답게 빛나더군요. 그런 모습에 저도 기분이 좋아졌어요" 하고 말해주는 것입니다. 처음에는 좀 어색해도, 이런 식으로 표현하는 습관이 훨씬 낫지 않을까요?

2. 소유하고 있는 물건들을 죽 훑어본 뒤, 정말로 아끼는 것이 아니거나 별로 사용하지 않는 것들이 있으면 좀 더 요긴하게 쓸 수 있는 사람들에게 나누어 준다.

3. 돈을 최대한 아껴 쓰고 물건도 항상 싼 것만 찾아다니는 사람이

라면, 매일매일 단 몇 푼이라도 자신을 위해 마음 놓고 써본다. 천 원, 이천 원에 연연하지 말고 큰맘 먹고 물건을 사거나, 친구의 커피 값을 내주고, 좋은 일을 위해 돈을 기부하는 식으로 자신에게 특별한 즐거움을 선사합니다. 이런 행동은 풍요로움에 대한 진실하고도 확고한 믿음을 증명해 보이는 것입니다. 말보다는 역시 행동이 더 효과적입니다.

4. 정기적으로 수입의 일부를 나눈다.

십일조는 수입에서 일정한 양을 떼어내 교회나 명상 단체, 세상을 위해 좋은 일을 하는 단체나 사람에게 주는 관행입니다. 이런 돈은 그들에게 활기를 불어넣어 줍니다. 그리고 자신이 누리는 모든 것이 우주 혹은 신이 내린 것이므로, 그 답례로 무언가를 되돌려 주어야 한다는 것을 깨닫는 좋은 방법이기도 합니다.

얼마나 많은 돈을 바치느냐는 별로 중요하지 않습니다. 중요한 건 에너지를 밖으로 비워내는 경험을 꾸준히 지속하는 것입니다.

5. 자유롭게 생각한다.

자신과 타인들의 행복을 위해 에너지를 우주로 흘려보내는 방법들을 여러 가지로 생각해봅니다.

✱✱ 질병은
마음이 보내는 신호 ✱✱

시각화는 건강을 치유하고 유지하는 데도 활용할 수 있습니다.

건강의 기본적인 원리 가운데 하나는, 신체의 건강이 정서적·정신적·영적인 존재와 밀접하게 연관되어 있다는 것입니다. 모든 차원이 서로 밀접하게 연결되어 있으므로, 몸 상태가 '좋지 않다'는 것은 우리 존재의 다른 차원에서 갈등이나 긴장, 근심, 부조화가 일고 있다는 증거입니다. 몸의 질병은 곧 우리 존재의 자연스러운 조화와 균형을 회복하려면 어떻게 해야 하는지, 감정과 느낌, 생각과 태도를 깊이 들여다보아야 한다는 것을 알려주는 신호인 것입니다. 그러므로 몸이 아플 때는 내면으로 들어가 안에서 일어나고 있는 일들에 '귀 기울여' 보아야 합니다.

정신과 몸은 끊임없이 소통을 합니다. 몸은 물질계와 접촉한 뒤, 그에 관한 정보를 정신에 전달합니다. 그러면 정신은 경험과 사고 체계를 토대로 정보를 해석한 다음, 이런저런 방식으로 반응하는 게 좋겠다고 몸에 신호를 보냅니다. 그래서 어떤 특정한 상황에서 의식이나 무의식적인 사고 체계가 몸에게 몸져눕는 것밖에 달리 방법이 없겠다고 말하면, 몸은 어쩔 수 없이 병의 징후들을 드러냅니다. 이렇게 해서 실제로 병이 듭니다. 이 모든 과정은 삶과 자신, 질병과 건강의 본질에 대한 가장 심층적인 생각과 밀접하게 연관되어 있습니다.

시각화를 하면, 정신이 몸에 정보를 전달하는 과정에 직접 개입할 수 있습니다. 의식적 혹은 무의식적으로 마음속에 이미지나 생각을 만들어낸 다음, 그것들을 신호나 명령의 형태로 몸에 전달해주는 것입니다. 요컨대 시각화를 하면, '몸을 병들게 하는' 부정적이고 소극적인 생각이나 이미지 대신에 긍정적인 이미지를 만들어서 몸에 전달해줄 수 있습니다.

❖ 자기 안에 해결책이 있다

'이런 상황이나 환경에서는 병이 드는 게 당연해. 그럴 수밖에 없어.' 이런 생각이 마음속에서 꿈틀거리기 시작하면, 실제로 병이 듭니다. 병이 드는 것만이 문제를 해결하거나 자신이 원하는 것을 얻는 유일한 길처럼 여겨지기 때문입니다. 혹은 해결하거나 견뎌내기 힘든 내면의 갈등을 이겨내기 위한 자구책으로 병을 선택하는 경우도 있습니다.

몇 가지 예를 들어봅시다. 전염병에 '노출된' 어떤 사람이 진짜로 그 병에 걸리고 말았습니다. 전염병에 노출되면 십중팔구 똑같은 병을 얻는다고 믿었기 때문입니다. 어떤 여자는 부모님이 걸렸던 것과 똑같은 병으로 죽었습니다. 무의식적으로 자신도 똑같은 길을 걷게 되리라 생각하고 있었기 때문입니다. 그런가 하면, 일에서 벗어나기 위해 병에 걸리거나 사고를 당한 사람도 있습니다. 아프지 않고는 일에서 손을 뗄 수 없거나, 휴식과 평온한 시간을 스스로에게 허락할 수 없었기 때문입니다.

또 사랑과 관심을 얻기 위한 방법으로 병을 선택하는 경우도 더러 있습니다. 어렸을 적 부모님의 관심을 끌기 위해 꾀병을 앓은 것처럼 말입니다. 심지어는 일평생 감정을 억누르며 살다가 암으로 죽는 사람들도 많습니다. 가슴속에 쌓아둔 감정의 무게와 그런 감정을 드러내는 건 좋지 않다는 생각 때문에 고통 받고 갈등하다가 결국 스스로를 죽이는 방법을 선택한 것입니다.

쉽게 해결할 수 있는 간단한 문제가 모든 질병의 원인이 된다는 애기를 하기 위해 이런 예를 든 것은 아닙니다. 우리가 안고 있는 모든 문제들이 그렇듯, 병에 걸리는 데도 여러 가지 복합적인 요인들이 작용합니다.

그러나 질병의 원인이 신체적인 것은 물론 감정적·정신적·영적인 면에도 있으며, 우리 자신이나 삶 속에 뿌리 박혀 있는 문제를 해결하려는 시도가 질병으로 나타난다는 사실만은 꼭 얘기해주고 싶습니다. 그러므로 우리의 감정과 생각을 세밀하게 관찰하고 들여다보면 쉽게 치유책을 찾을 수 있을 것입니다.

위의 관점을 자연스럽게 발전시켜 나가면 질병에 대해 좀 더 적극적인 태도를 취하게 됩니다. 질병을 단순히 필연적인 재앙이나 피할 수 없는 불행으로 여기는 대신, 아주 분명하고 유용한 신호로 받아들이는 것입니다. 몸에 고통스러운 부분이 있다면, 이것은 의식 안에 무언가 치유해야 할 점이 있다는 얘기입니다.

질병이라는 신호는 종종 마음을 가라앉히고, 내적 자아와 대화를 나누는 일에 더 많은 시간을 할애하게 해줍니다. 몸과 마음을 편안히 하고 '연연하던' 것들을 훌훌 털어버린 뒤, 깊고 고요한 의식 속으로 들어가 자신에게 필요한 재충전의 에너지를 흡수하게 해줍니다.

외적인 치료도 물론 필요하겠지만, 질병을 치료하는 근본적인 에너지는 언제나 우리 내부에서 나옵니다. 그러므로 내적 자아와 접촉하는 시간을 규칙적으로 갖다 보면, 내적 자아가 우리의 관심을 끌기 위해 몸에 병을 일으키는 일은 더 이상 없을 것입니다.

질병이나 사고는 의식에 변화가 필요하며 해결해야 할 마음의 문제들이 있음을 알려주는 신호입니다. 그러므로 질병이나 사고를 당하면, 먼저 마음을 고요하게 가라앉히고 내면의 목소리에 귀 기울입니다. 그 신호가 의미하는 게 무엇인지, 자신이 깨달아야 할 점은 무엇인지 자신에게 물어봅니다. 혼자서 해도 되지만, 경우에 따라서는 상담원이나 정신과 의사, 친구의 도움이 필요할 수도 있습니다.

어떤 질병에 걸리든, 자기 탓이라거나 자신에게 죄가 있다는 의미는 결코 아니라는 점을 잊지 말아야 합니다. 병에 걸렸다고 해서 자신이 아무 생각 없는 사람이라는 의미는 아니기 때문입니다. 가장 현명한 태도는 질병을 인생에서 중요한 한 부분으로, 깨달음과 성숙 과정을 촉진시켜 주는 좋은 기회로 받아들이는 것입니다.

시각화는 질병을 치료하는 역할도 합니다. 시각화 자체가 질병의 근원(우리의 생각과 이미지)에 직접 관여하기 때문입니다.

자신의 모습을 떠올린 뒤, 자신은 아주 건강한 상태라고 스스로 암시를 겁니다. 그리고 자신의 문제가 완벽하게 해결되었다고 생각합니다.

문제의 차원에 따라 적용할 수 있는 접근법도 다양합니다. 그러므로 자신에게 가장 효과적인 이미지나 긍정화 방법을 고를 수 있어야 합니다.

그러나 가장 좋은 방법은 역시 항상 조심하며 '미리 예방하는 것' 입니다. 건강에 아무 이상이 없는 것만큼 다행스러운 일은 없기 때문입니다. 그러므로 항상 건강하고 활기차게 살아가는 자신의 모습을 그리도록 노력합니다. 그러면 병에 시달리거나 하는 일은 결코 없을 것입니다.

이미 건강에 문제가 있다면 다양한 형태의 시각화를 통해 마음을 진정시킵니다. 암이나 관절염, 심장병 같은 심각한 질병에 걸렸어도, 매일 다양한 형태의 '기적적인' 치료법이 개발되고 있다는 사실을 떠올리면 마음이 한결 편안해질 것입니다.

이 책이 출간된 이후 수백 명의 독자들로부터 이 책에서 소개한 아이디어와 방법이 질병을 치료하는 데 큰 도움이 되었다는 이야기를 들었습니다.

한 예로, 필자의 워크숍에 참석한 사람들 중에 교통사고를 당한 뒤 얼마간 혼수상태에 빠졌던 여성이 한 명 있었습니다. 몇 년 간 치료를 받았는데도 정상적으로 활동할 수 있을지 불확실하다는 진단을 받은 상태였습니다. 그러나 물리치료와 함께 시각화를 병행한 덕택에, 그 여성은 단 3개월 만에 완전히 회복해서 다시 일자리로 돌아갈 수 있었습니다.

또 다른 예로, 다음과 같은 이야기를 편지에 써 보낸 남성도 있었습니다. 그는 수술로도 치료할 수 없는 뇌종양 진단을 받았습니다. 그 충격으로 자신의 삶을 되돌아본 그는 자신을 괴로움과 좌절에 빠뜨린 문제가 무엇인지 발견했습니다. 그 후 정기적인 병원 치료와 함께 이 책에서 익힌 방법을 실천한 덕택에, 자신을 내리누르던 삶의 무게들을 어느 정도 덜 수 있었습니다. 그러자 무시무시하던 종양이 씻은 듯이 사라져 버렸으며, 몇 년이 지나도 재발하지 않았습니다. 이 밖에도 많은 사람들이 말기암 선고를 받은 뒤 시각화 덕분에 몇 년 후 기운을 되찾고 건강을 완전히 회복했다는 체험담을 들려줬습니다.

필자의 어머니 역시 수술도 받지 않고 시각화만으로 담석을 녹여버리는 데 성공했습니다. 담석이 있던 당시의 X선 사진과 얼마 동안 시각화를 행한 뒤에 찍은 사진을 비교해본 의사는 매우 놀랐다고 합니다. 수술도 안 했는데 담석이 흔적도 없이 사라져 버리다니! 도저히 믿기지 않았던 것입니다.

물론, 사람들의 병이 낫기까지는 여러 가지 요인이 작용했을 것입니다. 그러나 숱한 체험담과 필자의 경험을 토대로 볼 때, 시각화가 건강을 치유하는 데 정말로 효과적인 도구인 것만은 분명합니다.

이처럼 시각화만으로도 질병을 완벽하게 치료할 수 있는 경우도 있지만, 시각화와 함께 다른 치료법을 병행해야 하는 때도 있습니다. 중요한 것은 특정한 치료법에 확고한 믿음이 생기면 무슨 일이 있어도 그것을 이용해보는 것입니다. 그 방법이 효과가 있을 것이라 믿고, 또 그렇게 되기를 간절히 바란다면, 실제로 그렇게 될 가능성이 아주 높습니다. 그러므로 적합한 치료법이라는 생각이 들면 포기하지 말아야 합니다.

기존의 전통적인 의술이나 수술이든, 침술이나 요가, 마사지, 식이요법 같은 대체의학이든, 시각화는 우리가 선택한 치료법과 함께 병행할 수 있습니다. 시각화를 의식적으로 실천하면 치유 속도가 놀라울 정도로 빨라지고, 치료 도중 환자가 겪는 고통도 훨씬 줄어듭니다.

그러나 병을 낫게 하거나 극복한다는 의미에서 볼 때, 모든 질병들이 다 '치유' 되는 것은 아닙니다. 병에 따라서는 오랜 기간 아니 평생 우리와 함께 머무는 것들도 있습니다. 이런 경우엔 자신의 한계상황을 인정하고, 가장 편안하고 보람찬 삶을 살아갈 수 있게 시각화와 긍정화를 이용하는 것이 좋습니다.

누구나 언젠가는 육신에 얽매인 지금의 삶에서 또 다른 영역으로 옮겨가야 한다는 사실도 잊지 말아야 합니다. 대다수 사람들은 병이라는 수레를 타고 이런 이동을 감행합니다. 따라서 누군가 이제는 이승을 떠나야 할 때라는 결심을 굳혔다면, 그 자신이든 그를 사랑하는 다른 누구든 그를 치료하기 위해 애쓰는 것은 올바른 일도 아닐뿐더러 별 효과도 없을 것입니다.

이처럼 치료하려는 노력이 아무 효과도 없는 것처럼 보일 때는 머지않아 평화로이 삶을 마감하고 흔쾌히 죽음을 끌어안는 데 초점을 맞추는 것이 더 현명한 태도인지도 모릅니다.

에너지를 흘려보내 다른 사람들의 치유를 돕는다

다른 사람들을 치료할 때도 자신을 치료할 때와 똑같은 원리를 적용할 수 있습니다. 보편적인 정신이 모두를 하나로 연결하고 있기 때문입니다.

우리의 의식 중에는 타인들의 의식과 직접 연결되는 부분이 있습니다. 이렇게 서로 연결된 부분은 다시 신적인 전지전능함과 닿아 있습니다. 그러므로 우리 모두에겐 마음대로 끌어내 쓸 수 있는 엄청난 치유 에너지가 있습니다.

그러므로 어떤 사람에 대한 자신의 생각을 바꾼 뒤, 그 사람이 건강하고 행복하게 지내는 모습을 마음속에 그리며 꾸준히 이미지를 투사해주는 방법으로도 그 사람의 병을 치료해줄 수 있습니다. 그렇지 못하더라도 최소한 치료 기간을 단축시키거나 치료과정을 더 편안하게 만들어줄 수는 있습니다. 이때 자신이 무엇을 하고 있는지 그 사람에게 꼭 알려줄 필요는 없습니다. 사실, 어떤 경우에는 환자가 모르는 게 치료에 더 효과적일 수도 있습니다.

필자는 매우 과학적이며 합리적인 교육을 받고 자랐습니다. 그래서인지 멀리 떨어져 있는 누군가가 다른 사람을 치료해줄 수 있다는 사실을 납득하기 힘들었습니다. 그러나 그런 현상을 직접 목격하고 실제로 체험하는 일이 잦아지면서 더 이상 그 사실을 의심하지 않게 되었습니다.

필자의 경험을 토대로 볼 때, 다른 사람을 치료하는 가장 효과적인 방법은 치유 에너지를 받아들이고 흘려보내는 뻥 뚫린 통로 역할을 하는 자기 모습을 떠올린 뒤, 자신을 통해 우주의 에너지가 이를 필요로 하는 사람에게로 흘러들어 가는 모습을 그려보는 것입니다.

필자의 경우엔 필요한 것이 무엇이든 그에게 도움이 되도록 나의 초자아를 통해 그의 초자아에게로 에너지를 흘려보내는 모습을 그려봅니다. 그를 신적인 존재로, 아름답고 완벽한 신의 창조물로, 태어나면서부터 건강과 행복을 부여받은 존재로 생각하면서 말입니다.

제 3 부
하루 10분, 환희를 맛보아라

네가 무엇을 경영하면 이루어질 것이오.
네 길에 빛이 비추리라.

〈욥기〉 22장 28절

✱✱ 에너지의 흐름을
원활하게 한다 ✱✱

어떤 종류의 명상이든 명상에 들어가기 전에 다음과 같이 시각화를 하면 더욱 효과적입니다. 그 목적은 에너지의 흐름을 원활하게 하고, 마음의 모든 장애물들을 걷어내며, 명상 중에 깜빡 '우주 밖으로' 떨어지지 않도록 자신을 이곳에 단단히 묶어두는 것입니다.

등을 꼿꼿하게 펴고, 편안한 자세로 의자나 마룻바닥에 가부좌를 틀고 앉습니다. 눈을 감고 몸과 마음의 긴장이 완전히 풀릴 때까지 하나에서 열까지 세면서, 천천히 깊게 숨을 들이쉬고 내쉽니다.

척추 끝에 기다란 끈이 매어 있다고 상상합니다. 이 끈은 마룻바닥을 뚫고 내려가 땅속 깊은 곳까지 뻗어 있습니다. 땅 깊숙이 뻗어 있는 나무뿌리처럼, 이 끈은 나를 지탱해주는 '버팀줄' 역할을 합니다.

이제 이 끈을 타고 올라온 땅의 기운이 온몸을 뚫고 흘러 정수리 위로 치솟는 모습을 그려봅니다. 에너지의 흐름이 활발해졌다고 느껴질 때까지 이 과정을 반복합니다.

다음은 정수리를 통해 안으로 흘러들어 온 우주의 에너지가 온몸을 통과한 뒤, 버팀줄을 타고 발끝을 지나 땅속으로 흘러 내려가는 모습을 그려봅니다. 서로 다른 방향에서 흘러들어 온 에너지들이 자신의 몸 안에서 조화롭게 섞이는 것을 느낍니다.

이런 시각화는 비전과 환상, 상상력이라는 우주적 에너지와 물질계의 안정적이고 구체적인 에너지 사이에서 균형을 유지하게 도와줍니다. 이런 균형은 충일감과 표현력을 확장시킵니다.

** 에너지의 중심을 열어준다 **

다음은 몸을 치유하고 정화시켜 에너지가 원활하게 흐르도록 하기 위한 명상법입니다. 아침에 눈을 떴을 때나 명상에 들어갈 때, 혹은 긴장을 풀고 기분을 새롭게 하고 싶을 때 특히 좋은 방법입니다.

두 팔을 양 옆으로 쭉 펴거나 두 손을 깍지 껴서 배 위에 올려놓은 채 등을 바닥에 대고 눕습니다. 눈을 감고 긴장을 푼 다음 천천히 그리고 부드럽고 깊게 호흡합니다.

둥근 황금빛이 정수리 부분을 둘러싼 채 빛을 뿜어내는 모습을 그려봅니다. 그 둥근 황금빛에 정신을 집중한 채, 정수리 부분에서 발산되는 빛을 느끼면서 천천히 깊게 다섯 번 숨을 들이쉬고 내쉽니다.

이제 아래로 내려가 목 부분에 정신을 모읍니다. 목 부분에서 둥근 황금빛이 뿜어 나오는 모습을 그려봅니다. 이 빛에 정신을 집중한 채 천천히 숨을 다섯 모금 들이쉬고 내쉽니다. 다시 아래로 내려가 가슴 중앙에 정신을 집중합니다. 가슴 중앙에서 역시 둥근 황금빛이 발산되고 있다고 상상합니다. 점점 팽창하는 에너지를 느끼면서 숨을 다섯 번 들이쉬고 내쉽니다.

다음으론 명치나 배꼽 부분에 정신을 모으고 둥근 황금빛이 명치 부분을 에워싸고 있다고 상상합니다. 천천히 다섯 번 들이쉬고 내쉽니다. 그 빛이 골반 주위에서 발산되는 모습을 그려봅니다. 점점 크고 넓게 뻗어나가면서 빛을 뿜어내는 에너지를 느끼면서 다섯 번 호흡합니다.

마지막으로 밝은 빛을 뿜어내는 황금빛이 발 주위를 감싸고 있다고 상상합니다. 그리고 역시 숨을 다섯 번 들이쉬고 내쉽니다. 이제 이 여섯 개의 둥근 황금빛이 동시에 빛을 뿜어내는 모습을 그려봅니다. 몸이 마치 에너지를 뿜어내는 보석처럼 보입니다.

숨을 깊게 들이마셨다가 내쉽니다. 숨을 내쉴 때는 몸의 한쪽 옆면을 타고 머리에서 발끝까지 에너지가 흘러내린다고 상상합니다. 그리고 숨을 들이쉴 때는 몸의 다른 쪽 옆면을 타고 에너지가 다시 머리 꼭대기까지 흘러 올라간다고 생각합니다. 이런 식으로 에너지가 온몸을 타고 흐르는 상상을 세 번 합니다.

다음엔 숨을 천천히 내쉬면서 에너지가 몸의 앞면을 타고 머리에서 발끝까지 흘러내리는 모습을 그려봅니다. 숨을 들이쉴 때는 몸의 뒷면을 타고 발끝에서 머리 꼭대기까지 올라가는 에너지를 그려봅니다. 이런 식으로 세 번에 걸쳐 에너지의 흐름을 그려봅니다.

이제 에너지를 발에 모았다가 몸의 안쪽 중심을 타고 발끝에서 머리끝으로 천천히 에너지를 올려 보냅니다. 정수리에 모인 에너지는 빛의 샘처럼 찬란한 빛을 뿜어냅니다. 다음엔 에너지를 다시 몸의 바깥 면을 통해 아래로 흘려보냅니다. 이런 과정을 원하는 만큼 여러 번 반복합니다.

명상이 끝나면 아주 편안하면서도 활기 넘치고 환희에 찬 느낌이 들 것입니다.

** 마음속
성소를 만든다 **

시각화를 시작할 때 꼭 해야 할 한 가지 중요한 일이 있습니다. 원하면 언제든 갈 수 있는 자기만의 성소를 마음속에 세우는 것입니다. 이 성소는 휴식과 고요, 평온함이 있는 가장 이상적인 공간이며, 자신이 원하는 모습 그대로 만들어낼 수 있습니다.

두 눈을 감고 편안한 자세로 몸과 마음의 긴장을 풉니다. 아름다운 곳에 있는 자신을 그려봅니다. 짙푸른 초원이나 산꼭대기, 숲속이나 바닷가…… 마음에 드는 곳이면 어디든 좋습니다. 바다 밑이나 다른 행성을 떠올려도 상관없습니다. 그곳이 어디든 즐겁고 평화로운 느낌을 주기만 하면 됩니다. 구석구석 세밀하게 살피며 소리와 향기, 그곳만의 특별한 느낌이나 인상 등을 음미해봅니다.

이제 그곳을 좀 더 아늑하고 편안한 곳으로 만들기 위해 무엇이든 하고 싶은 대로 해봅니다. 집이나 움막을 세울 수도 있고, 황금빛 보호막으로 에워쌀 수도 있습니다. 그런 다음 그 안에서 더 편안하고 즐겁게 생활할 수 있도록 자잘한 물건들을 들여놓거나 자기만의 특별한 공간으로 선포하는 의식을 합니다.

이제부터 그곳은 자기만의 내밀한 마음의 성소입니다. 두 눈을 감고 그리기만 하면 언제든 갈 수 있는 곳. 그곳에 가면 언제나 마음이 평온해지는 느낌이 듭니다. 또 우리에게 특별한 힘을 불어넣어 주기도 합니다. 그래서 시각화를 할 때면 언제든 그곳에 가고 싶은 마음이 듭니다.

그러나 이런 자기만의 성소는 이따금씩 저절로 변화합니다. 아니면 우리 스스로가 어떤 변화나 증축을 원할 수도 있습니다. 어쨌든 이곳에선 누구라도 굉장히 창의적이며 유쾌한 사람이 될 수 있습니다. 평화와 고요, 절대적인 안정감을 잃어버리지만 않는다면 말입니다.

✳✳ 영혼의
스승을 만난다 ✳✳

우리에게 필요한 모든 지혜와 지식은 우리 안에 있습니다. 우주적 지성과 교신할 수 있는 직관적인 정신을 통하기만 하면, 언제든 이것들을 끌어내 쓸 수 있습니다. 그러나 자신의 수준 높은 지혜와 소통하는 것은 쉽지 않은 일입니다. 이럴 때 가장 좋은 방법 가운데 하나가 바로 스승을 만나거나, 그런 사람을 알게 되는 것입니다.

이런 스승 혹은 영혼의 안내자는 상담원이나 상상 속의 친구, 선생님 등 여러 이름으로 부를 수 있습니다. 우리 자신의 숭고한 일부분인 이런 존재는 다양한 모습으로 다가옵니다. 그러나 대개는 실체가 있는 사람이나 지혜롭고 따스한 친구처럼 서로 이야기를 나눌 수 있는 어떤 존재로 나타납니다.

이런 영혼의 안내자를 만나게 도와주는 명상법은 다음과 같습니다.

도움이 된다면 명상을 하는 동안 아래의 글을 읽어 달라고 친구에게 부탁해도 좋습니다. 아니면 먼저 이 글을 읽은 다음에 두 눈을 감고 명상에 들어갑니다.

두 눈을 감고 긴장을 풉니다. 마음속 성소로 들어가 몇 분 동안 그곳에서 편안한 마음으로 즐겁게 시간을 보냅니다. 이제 먼 곳까지 뻗어 있는 오솔길 위에 서 있는 자신을 그려봅니다. 오솔길을 따라 걷다 보니, 멀리서 어떤 형체가 다가오는 게 눈에 들어옵니다. 밝고 투명한 빛에 둘러싸인 이름 모를 형체입니다.

형체가 점점 가까워지자 여성인지 남성인지 구분이 됩니다(물론 그것은 동물의 형상을 하고 있을 수도 있다). '나이는 몇 살쯤 되었을까? 옷은 어떻게 입고 있을까?' 그 형체와 점점 가까워지면서 얼굴 생김새나 안색 등 세세한 것들까지 선명하게 보이기 시작합니다.

인사를 나눈 뒤 이름을 물어봅니다. 물론 이름이 무엇인지는 별로 중요하지 않지만. 이제 그 스승에게 자신의 성소를 구경시켜 주며 성소 여기저기를 산책합니다. 그러자 자신은 인식하지 못했던 무언가를 그가 가리키며 보여줍니다. 아니면 그저 서로 얼굴을 마주하고 있는 것에 만족하며 그대로 있을 수도 있습니다.

자신에게 해주고픈 말이나 충고가 없는지 물어봅니다. 원한다면 구체적인 질문을 해도 좋습니다. 아마 그 즉시 대답해줄 것입니다. 혹여 그렇지 않더라도 실망할 필요는 없습니다. 나중에 어떤 식으로든 대답을 들을 테니까요.

스승과 헤어질 때가 되었다는 느낌이 들면, 감사를 표한 뒤 나중에 이 성소에서 다시 만나자고 합니다. 이제 눈을 뜨고 현실 세계로 돌아옵니다.

스승을 만나 어떤 경험을 하는지는 사람들마다 다릅니다. 때문에 일반적으로 설명하기는 힘듭니다. 그냥 기분이 좋았다면 그것으로도 충분합니다. 혹여 그렇지 않았다면, 어떻게 해서든 그런 느낌을 변화시켜야 합니다.

스승의 모습을 분명하게 보지 못했더라도 걱정할 필요는 없습니다. 원래 스승은 불빛이나 희미하고 불분명한 형체로 나타날 때가 많기 때문입니다. 중요한 것은 스승의 존재와 힘, 사랑을 분명하게 느끼는 것입니다.

스승은 자신이 아는 누군가의 모습으로 나타날 수도 있습니다. 특별히 불쾌한 느낌만 들지 않았다면 그것도 좋은 일입니다. 혹시나 불쾌한 느낌이 들었다면, 편안하고 즐겁게 이야기를 나눌 수 있는 사람의 모습으로 나타나게 해달라고 기도합니다.

명상 중에 만난 인물이 비판적이며 거칠고 무정해 보인다면, 내면의 비판자나 다른 어떤 에너지와 접촉했기 때문일 것입니다. 이런 경우엔 감사의 말을 전하며 정중하게 돌려보낸 뒤, 인정 많고 믿음직하며 힘을 북돋워주는 인물이 나타나게 해달라고 기원합니다.

스승의 모습이 기괴하거나 이상해 보여도 놀랄 필요는 없습니다. 우리 눈에 보이는 스승의 모습 역시 우리의 마음이 만들어낸 것이기 때문입니다. 예를 들어, 스승은 아주 색다른 외모와 놀라운 유머 감각, 기이한 이름, 드라마틱한 연출 능력을 갖고 있는 인물로 나타날 수도 있습니다. 혹은 말은 한마디도 안 하고 말로 설명할 수 없는 어떤 야릇하고 감동적인 느낌을 통해 직관적인 인식을 직접 전해줄 수도 있습니다.

또 스승이 시시때때로 형체와 이름을 달리해서 나타날 수도 있습니다. 혹은 몇 년 동안 똑같은 모습으로 나타날 수도 있습니다. 그런가 하면 동시에 여러 명의 스승을 만날 수도 있습니다.

그러나 특별한 지혜나 도움, 창조적인 영감, 사랑, 우정 등이 필요할 때 부르면 언제든 그곳에 모습을 드러냅니다. 그렇기 때문에 일단 스승과 관계를 맺어 놓으면 명상을 통해 매일 스승을 만날 수 있습니다.

** 핑크 버블 테크닉 **

다음의 명상법은 아주 간단하지만 대단히 효과적입니다.

편안한 자세로 앉거나 눕고 두 눈을 감습니다. 천천히 깊고 자연스럽게 숨을 들이쉬고 내쉬면서 심신 긴장을 풀어 줍니다. 그리고 바라는 것을 마음속으로 그려봅니다. 그것이 이미 이루어진 것처럼 최대한 생생하게 떠올립니다.

이제 마음의 눈을 뜨고 그 상상을 핑크빛 비눗방울로 감쌉니다. 비눗방울들 안에 소원을 집어넣습니다. 핑크는 심장을 연상시키는 색이기 때문에 핑크빛 비눗방울들이 서서히 부풀어 오르면서 소원을 감싸면, 자신과 가장 잘 어울리는 일들만 일어날 것입니다.

이제 비눗방울들이 자신의 소원을 그대로 담은 채 우주로 떠올라가는 모습을 그려봅니다. 이것은 그것에 연연하지 않도록 마음에서 '자유롭게 날려 보내기' 위한 것입니다.

이제 비눗방울들은 소원이 실현될 수 있도록 에너지를 끌어 모으면서 자유로이 우주 속을 유영합니다.

** 몸과 마음을 치료한다 **

다음은 우리 자신은 물론 타인들을 치료하는 데도 효과적인 명상법입니다.

❖ 자신을 위한 명상 치료

이 명상법은 병의 근본 원인을 발견하고 치유하게 도와줍니다.

편안한 자세로 앉거나 누워 숨을 들이쉬고 내쉬면서 심신의 긴장을 완벽하게 풀어줍니다. 발가락에서부터 발, 다리, 골반 순으로 올라가면서 몸의 각 부분에 정신을 집중해서 모든 긴장을 풀어줍니다. 온몸의 긴장이 시원하게 빠져나가는 것을 느껴봅니다.

도움이 된다면 에너지의 중심을 열어주는 명상으로 흐름을 원활하게 만들어줍니다.

이제 몸을 치유해주는 황금빛 에너지가 온몸을 타고 흐르는 모습을 그려보고, 그 느낌을 섬세하게 음미합니다. 몸의 특정 부위가 아플 때는 먼저 그 통증이 몸의 신호인지 아닌지를 확인합니다. 지금 당장, 혹은 살아가면서 깨우쳐야 할 무언가가 있는지 물어봅니다. 몇 분 동안 고요한 상태로 있으면서 이 질문에 대한 답으로 어떤 말이나 이미지 혹은 느낌이 떠오르는지 확인합니다.

해답이 떠오르면, 그 해답을 해독한 뒤 그대로 실천합니다. 그러나 아무런 답도 떠오르지 않을 때는 명상을 계속합니다. 예상했던 것과는 전혀 다른 방식으로 해답이 떠오를 수도 있기 때문입니다.

이제는 아픈 부위나 에너지를 필요로 하는 모든 부위로 특별한 사랑과 치유의 에너지를 흘려보냅니다. 그리고 그 부위가 치유되는 것을 느껴봅니다.

문제가 해결되면서 에너지가 멀리까지 뻗어나가는 모습을 그려봅니다. 혹은 자신에게 효과가 있는 어떤 이미지를 떠올립니다.

이제 날아갈 듯 가볍고 편안한 자신의 모습을 그려봅니다. 활기 넘치고 적극적이며 건강한 모습으로 전혀 다른 상황에 놓여 있는 모습을, 자신을 아끼며 스스로 원기를 북돋워주는 모습을 상상합니다.

❖ 자기 치유를 위한 말

- 영혼은 물론 정신적·정서적·신체적인 면 모두를 사랑하며 아껴야지.
- 나는 건강하게 나의 욕구를 충족시킬 수 있어.
- 나를 아끼는 법을 배우고 있어.
- 내 몸을 있는 그대로 인정하고 받아들여야지.
- 나는 내 몸을 소중히 다뤄.
- 난 건강하고 행복해질 자격이 있어.
- 모든 질병의 원인을 이해한 지금, 난 자유롭고 건강해.
- 내 몸은 지구 그리고 이 우주와 완벽한 조화를 이루고 있어.
- 나날이 좋아지고 있는 내 건강과 아름다움, 활력에 감사할 따름이야.
- 내가 건강한 것은 지극히 당연한 일이야.

이 말들을 반복할 때마다 건강한 상태로 황금빛 에너지에 둘러싸여 있는 자신의 모습을 그려봅니다.

❖ 다른 사람을 위한 명상 치료

치료받을 당사자가 특별히 원한 경우가 아니라면, 이 명상법은 그 사람이 보지 않는 곳에서 혼자 행하는 것이 좋습니다. 그를 위해 자신이 명상 치유를 행하고 있다는 사실을 이야기해줄 것인지는 환자가 이런 치유를 얼마나 잘 이해하고 있느냐에 따라 결정합니다.

몸과 마음의 긴장을 풀어 깊고 고요한 명상의 상태로 들어갈 준비를 합니다.

쏟아져 들어오는 우주의 치유 에너지를 받아들이는 열린 통로 역할을 하는 자기 모습을 그려봅니다. 이 에너지는 우리 안에서 비롯되는 것이 아니라, 더 높은 차원의 원천에서 흘러나오는 것입니다. 우리는 그저 정신을 모아 그 에너지의 흐름을 잡아줄 뿐입니다.

이제 자신이 치유해줄 사람을 떠올리고 그의 모습을 최대한 생생하게 마음속으로 그려봅니다. 그에게 특별히 부탁하고 싶은 것이 있는지 물어봅니다. 그렇다면 자신의 모든 능력을 쏟아 그 일을 해줍니다. 물론 그러고 싶은 마음이 들 때만 그렇게 해줍니다. 그래야 치료 효과가 있기 때문입니다.

그런 다음 모든 문제들이 해결되고 몸의 모든 부분들이 치유되어 완벽하게 기능하는 모습을 지켜봅니다. 이제 눈부실 정도로 밝고 건강한 모습으로 황금빛 치유 에너지에 둘러싸여 있는 그의 모습을 떠올려봅니다. 그러고 나서 마음속으로 그에게 말을 건넵니다. 더 높은 차원의 어떤 힘이 보살펴주고 있으므로 진정으로 원한다면 충분히 치유될 수 있다고. 더할 나위 없이 건강하고 행복해질 수 있게 무한한 사랑과 치유 에너지를 계속해서 흘려보내 주겠노라고.

이제 다 되었다는 느낌이 들면, 가뿐하고 건강하고 활력에 찬 기분으로 바깥세계로 돌아옵니다.

이후로는 명상 도중 아주 건강하며 활기 찬 모습의 그를 만나게 될 것입니다. 그러면 더 이상 그에게 정신적인 에너지나 힘을 쏟아 붓지 않고 가만히 지켜보기만 합니다.

다른 사람에게 치유 에너지를 아무리 많이 흘려보내도, 자신의 에너지가 바닥난 느낌은 들지 않습니다. 내가 보낸 치유 에너지는 내게로 흘러든 우주 에너지이기 때문입니다.

기운이 다 빠진 것 같은 느낌이 든다면, 너무 감정적으로 매달린 나머지 지나치게 힘을 소진했기 때문일 것입니다. 이런 때는 그 사람에게 보낸 치유 에너지를 다시 우주로 돌려보냅니다. 그리고 무슨 일이 일어나든 그의 행복을 위한 일일 것이라고 스스로 암시를 겁니다. 우리 자신에게나 타인들에게 무엇이 최선의 길인지는 누구도 확신할 수 없습니다.

✥ 여럿이 함께 하는 명상 치료

여럿이 함께 하면 치료도 그만큼 더 효과적입니다. 치료해야 할 사람이 그 자리에 있다면 가장 편안한 자세로 방 한가운데에 눕히거나 의자 위에 앉힙니다. 그리고 모두 그를 중심으로 빙 둘러앉습니다.

모두 눈을 감고 조용히 깊은 명상 상태로 들어갑니다. 그리고 중앙에 있는 사람에게 치유 에너지를 흘려보낸다고 생각합니다. 흘러나가는 것이 자신의 에너지가 아니라 우주의 치유 에너지라는 사실을 잊지 말아야 합니다. 황금빛 치유 에너지에 감싸여 있는 아주 건강하고 행복한 모습의 그를 마음속으로 그려봅니다.

필요하다면 손바닥이 방 한가운데에 있는 사람을 향하도록 두 손을 들고, 손바닥을 통해 그에게로 에너지가 흘러가는 것을 느껴봅니다.

치료 도중 모든 사람들이 몇 분 동안 동시에 '옴' 소리를 내는 것도 아주 효과적입니다. '옴' 소리의 진동음이 치료 과정에 큰 도움이 되기 때문입니다. '오—오—오우—움' 하고 '옴' 소리를 가능한 길게 여러 번 반복합니다. 그렇지만 여럿이 이렇게 '옴' 소리를 내는 게 힘들다면 굳이 하지 않아도 좋습니다.

치료받을 사람이 그 자리에 없을 때는 그냥 자리에 모인 사람들에게 그의 이름과 주소를 알려줍니다. 그런 다음 그가 그 자리에 있다고 상상하며 치료를 시작합니다. 환자가 아무리 먼 곳에 떨어져 있어도 치료 에너지의 힘에는 전혀 변함이 없기 때문입니다. 먼 도시에 있는 환자가 바로 눈앞에서 치료를 받은 환자처럼 기적적으로 회복되는 사례를 필자는 수도 없이 보아왔습니다.

✥ 통증을 가시게 해주는 명상

다음은 두통을 비롯한 여러 가지 통증을 호소하는 환자들을 치료할 수 있는 명상법입니다.

환자를 눕히고 두 눈을 감게 한 다음, 몸과 마음의 긴장을 풀게 합니다. 깊고 천천히 그러나 자연스럽게 숨을 들이쉬고 내쉬면서 잠시 호흡에 정신을 집중합니다. 그리고 하나에서 열까지 천천히 세면서 하나씩 셀 때마다 더 편안하고 깊은 상태로 빠져드는 기분을 느껴보게 합니다.

환자가 충분히 긴장을 푼 것 같으면 환자에게 밝은 색깔을 떠올리라고 합니다. 혹은 머릿속에 가장 먼저 떠오른 색깔을 붙잡도록 해도 좋습니다.

환자에게 지름 15센티미터 가량의 색깔이 일정한 빛 덩어리를 떠올리게 합니다. 그리고 나서 시야를 가득 메울 때까지 그 덩어리가 서서히 커지는 모양을 그려보라고 합니다.

환자가 이런 상태를 경험한 것 같으면, 이젠 그 덩어리가 점점 오그라드는 모습을 그려보게 합니다. 지름 3센티미터 정도의 크기로 차츰차츰 움츠러들다가 마침내는 흔적도 없이 사라져버리는 모습을 떠올리는 것입니다.

환자가 떠올린 색깔이 자신의 통증이라는 생각으로 시각화 과정을 다시 한 번 반복하게 합니다.

** 필요한 것을 불러들인다 **

명상에서 말하는 '간원'(invocation)은 어떤 에너지나 특성을 자신에게 불러들이는 것을 의미합니다.

❖ 필요한 에너지나 자질을 불러들이는 명상

두 눈을 감고 몸과 마음의 긴장을 서서히 풀어줍니다. 준비 단계로 에너지의 흐름을 원활하게 해주는 명상이나 에너지의 중심을 열어주는 명상을 합니다. 혹은 잠시 마음속 성소로 들어가 긴장을 풀고 깊게 호흡합니다.

긴장이 풀리면서 활력이 샘솟는 느낌이 들면, 조용히 그러나 단호하게 자신에게 말합니다. "나는 지금 사랑의 본질을 불러들이고 있다."

그런 다음 외부나 내면에서 흘러나온 사랑의 에너지가 서서히 차올라 몸을 둘러싸고 환한 빛을 뿜어내는 것을 느껴봅니다. 잠시 가만히 이런 느낌을 만끽합니다. 그러고 나서 시각화와 긍정화를 통해 소망하는 목표를 향해 에너지의 흐름을 돌립니다.

힘, 지혜, 침착성, 연민, 부드러움, 따스함, 지성, 창조력, 치유력…… 등 자신에게 필요한 자질이나 에너지가 어떤 것이든 이 방법으로 모두 불러들일 수 있습니다. 그저 이런저런 자질이 자신에게 부여되고 있다고 분명하고 강한 어조로 암시를 걸어주기만 하면 됩니다.

이 밖에도 자신이 바라는 자질을 갖고 있는 영혼이나 특정한 사람의 본질을 불러들이는 데도 이 방법을 활용할 수 있습니다. 부처나 예수, 성모 마리아 같은 존재를 불러들이는 것은 개개인들 속에 이미 존재하는 보편적 성질을 다시 불러들이는 일이나 마찬가지입니다.

예를 들어, 내 안에 예수 그리스도를 불러들이는 것은 아주 강력한 방식으로 사랑과 자비, 관용, 치유력 등을 끌어들이는 일과 같습니다. 또 자신의 마음에 깊은 울림을 주는 스승이나 영웅이 있다면, 그의 뛰어난 자질을 불러들이고 싶을 때도 이 명상법을 이용합니다.

이런 명상은 키우고 싶은 기술이나 자질이 구체적일 때 더 효과적입니다. 예를 들어 음악이나 그림을 공부할 때, 그 분야의 거장을 불러내 그가 자신을 도와주는 모습을 떠올리면서 거장의 에너지와 천재성이 자신에게 전달되는 것을 느껴봅니다. 이때 그의 개인적인 약점이나 문제들까지 신경쓸 필요는 없습니다. 우리가 불러내는 것은 거장의 가장 훌륭한 면 뿐이기 때문입니다.

✱✱ 목표를 이루어야 한다는
강박관념에서 벗어나라 ✱✱

긍정적이고 창조적인 세계관을 키우고 목표를 성취하는 데 도움이 되도록 긍정화를 효과적으로 실행하는 방법에는 여러 가지가 있습니다.

절대 잊지 말아야 할 점은 평온한 마음으로 긍정화를 해야 한다는 것입니다. 기필코 목표를 이루리라는 생각에 사로잡혀서는 안 됩니다. 필요한 것은 이미 다 우리 안에 있으므로, 모든 발전은 케이크 위에 얹는 장식물처럼 있어도 좋고 없어도 어쩔 수 없다는 마음을 갖는 게 좋습니다.

❖ **명상을 통한 긍정화**
명상 중이나 심신의 긴장이 풀어져 있을 때 마음속으로 긍정적인 말을 합니다. 잠들기 직전이나 눈을 뜬 직후에 하는 것이 특히 효과적입니다.

✥ 말로 하는 긍정화

① 언제든 생각이 날 때마다 큰소리로 혹은 속으로 긍정적인 말을 해준다.

운전이나 집안일, 혹은 다른 일상적인 일을 처리하는 시간에 하면 특히 효과적입니다.

② 거울에 비친 자신의 모습을 들여다보면서 큰소리로 긍정적인 말을 해준다.

이것은 자신을 존중하고 사랑하는 마음을 키우는 데 특히 좋은 방법입니다. 눈을 똑바로 들여다보면서 자신의 아름다움과 사랑스러움, 가치를 인정해줍니다.

좀 어색하게 느껴지더라도 마음속 장애물을 뛰어넘어 당당하게 자신을 직시하고 사랑할 수 있을 때까지 계속합니다. 자신도 모르는 사이 어떤 감정이 고개를 들고 일어나 속 시원하게 풀리는 느낌이 들 것입니다.

③ 긍정적인 말을 녹음해 두었다가 집안일이나 운전을 하면서 듣는다.

"나, ○○는 아주 편안하며 자신에게 집중하고 있다" 혹은 "○○, 넌 아주 편안하며 너 자신에게 집중하고 있어", "○○ 씨는 아주 편안하며 그(그녀) 자신에게 집중하고 있다." 이런 식으로 본명을 사용하되, 시점을 1인칭에서 2인칭, 3인칭으로 번갈아가며 시도합니다.

이런 짧은 문장도 좋고, 서너 단락 가량의 긴 글을 녹음해 두었다가 들어도 좋습니다. 가장 이상적이라고 여기는 자신의 모습이나 바라는 상황을 이미 이루어진 일을 이야기하듯 생동감 있게 묘사합니다. 이 경우에도 1인칭과 2인칭, 3인칭 화법을 다 이용합니다.

❖ **글로 하는 긍정화**

① 자신에게 암시를 걸고 싶은 사항을 구체적으로 선택해서 열 번이고 스무 번이고 계속 써내려 간다.

단, 이때는 쓰고 있는 글에만 온 정신을 집중해야 합니다. 그러다 더 효과적일 것 같은 말이 떠오르면 수정해도 좋습니다. 이것은 필자가 생각해낸 긍정화법 가운데서 가장 효과적이면서도 쉬운 방법입니다.

② 직접 손으로 쓰거나 워드로 친 글을 집안이나 사무실 여기저기에

붙여둔다.

그리고 눈길이 갈 때마다 그 내용을 마음속에 새깁니다. 이런 글을 붙여두기에 좋은 장소는 냉장고나 전화기, 거울, 책상 위, 침대 머리맡, 거실 테이블 위 등입니다.

❖ 여럿이 함께 하는 긍정화
① 긍정화에 관심 있는 친구와 짝을 이루어 긍정화를 시도해본다. 우선 마주 앉아 서로 얼굴을 뚫어지게 응시합니다. 그러고 나서 번갈아가며 긍정의 말을 해줍니다. 예를 들면 다음과 같습니다.

윤정: 세희야, 넌 정말 아름답고 사랑스러우며 창조적인 사람이야.
세희: 그럼, 나도 알아! 맞아, 난 정말 그래!

이런 식으로 열 번이나 열다섯 번 정도 반복한 다음, 역할을 바꾸어 똑같이 합니다. 이젠 세희가 윤정에게 긍정의 말을 해주고, 윤정은 그런 세희의 말에 맞장구를 쳐줍니다. 이때 1인칭 화법을 써보는 것도 좋습니다.

윤정: 나, 박윤정은 정말 아름답고 사랑스러우며 창조적인 사람

이야.
세희: 그래, 정말 그래!

여기서 한 가지 유의해야 할 점이 있습니다. 어색하고 우스운 느낌이 들더라도 상대방에게 긍정의 말을 해줄 때는 그 말에 온 마음과 정성을 실어야 한다는 것입니다.

이런 방법은 친구가 부정적인 생각을 긍정적으로 바꾸도록 사랑의 에너지를 흘려보내 줄 수 있는 아주 멋진 기회입니다. 함께 이런 과정을 거친 사람들은 이전보다 더욱 깊고 따스한 관계를 유지합니다.

② 자신에게 긍정의 말을 해달라고 친구에게 부탁한다.

예를 들어 자신을 더 편안하게 표현하는 사람이 되고 싶다면, 친한 친구에게 다음과 같이 말해달라고 부탁합니다. "○○야, 웬일인지 요즘엔 우물쭈물하지 않고 말을 아주 똑 부러지게 잘하더라!"

재미있는 게임을 한다는 기분으로 서로 긍정적인 말을 해주면 모두에게 큰 도움이 될 것입니다. 누구나 좋은 말이든 나쁜 말이든 친구의 말에 큰 의미를 부여하고 심각하게 받아들이는 경향이 있기 때문입니다.

③ 일상적인 대화를 할 때 긍정의 말을 섞어 대화하는 습관을 들인다.

이렇게만 해도 삶이 몰라보게 즐거워집니다.

한 가지 주의해야 할 점이 있습니다. 속마음을 배반하면서까지 이 방법을 실천할 필요는 없다는 것입니다. 굉장히 화가 났거나 우울한 감정에 사로잡혀 있을 때는 이 방법을 쓰지 말아야 합니다. 그러지 않으면 자신의 감정을 스스로 억누르는 느낌이 듭니다. 자신도 모르게 튀어나오는 부정적인 말과 그 바탕에 깔린 생각들을 근본적으로 변화시키려면, 더 밝고 긍정적인 마음가짐으로 이 방법을 실행해야 합니다.

✤ 노래를 통한 긍정화

① 꿈을 실제처럼 느끼게 해주는 노래를 배워서, 시간 날 때마다 그 노래를 따라 부르는 습관을 들인다.

그렇지만 대중음악은 제외하는 게 좋습니다. 우리 의식세계의 많은 부분이 대중음악에 의해 형성되는데, 대중음악은 연인만을 바라보며 살다가 연인이 떠나면 죽어버리고 말리라는 식으로, 어떤 특정한 사람을 소유하지 못해 삶의 의미까지 잃어버리고 마는 현실을 읊은 것이 대부분이기 때문입니다.

② 소망을 담은 글을 간단한 노래로 만들어 부른다.

❖ 긍정화에 사용할 수 있는 말

자신을 긍정하게 해주는 말
- 지금 있는 그대로의 나를 사랑해. 난 끊임없이 변화·발전하고 있어.
- 내 모든 감정을 내 일부로 받아들여.
- 난 분명 아름답고 사랑스러운 사람이야.
- 내게 어두운 감정 따윈 하나도 없어. 내 감정들 모두 지금의 나를 이루는 중요한 일부분이야.
- 내 모든 감정을 기꺼이 받아들이고 있어.
- 감정을 솔직하게 표현하는 것은 좋은 일이야.

즐거움을 만끽하게 해주는 말
- 난 삶을 즐길 자격이 있어. 실제로도 삶을 즐기고 있고.
- 난 기분을 좋게 만들어주는 일을 좋아해.
- 난 마음을 편히 갖고 정신을 한 곳에 집중하고 있어.
- 난 지금 내면의 평화와 고요함을 느끼고 있어.
- 이 세상에 태어났다는 사실만으로도 난 행복해.

관계를 더욱 친밀하게 만들어주는 말

- 인간관계는 나를 비춰주는 거울이야.
- 모든 관계에서 난 많은 것을 배우고 있어.
- 내가 아는 사람들 모두 나 자신을 치유하고 사랑하게 나를 도와주고 있어.
- 인간관계에서 쉽게 상처를 입지만, 그래도 난 아주 명랑하고 씩씩한 사람이야.
- 난 사랑과 성적인 만족을 느낄 자격이 있어.
- 난 천부적으로 애정 어린 관계를 잘 맺어.
- 지금 난 모든 인간관계를 내가 바라는 대로 이끌어가고 있어.
- 드디어 나와 ○○ 사이의 문제들이 말끔히 해결되었어.
- 나를 사랑할수록 ○○도 더욱 사랑하게 되는 거야.
- 나는 ○○를 사랑하고, ○○ 역시 날 사랑해.

창의력을 키워주는 말

- 지금 난 진공청소기처럼 에너지를 빨아들이고 있어.
- 매일매일 창조적인 아이디어와 영감이 샘솟고 있어.
- 내 삶의 창조자는 바로 나야.
- 난 지금 내가 원하는 대로 삶을 꾸려나가고 있어.

신의 사랑과 인도를 받게 해주는 말

- 모든 이들의 행복을 위해 신의 사랑이 완벽하게 작용하고 있어.
- 지금 신의 사랑과 빛이 나를 통해 작용하고 있어.
- 신의 사랑이 나를 인도하고 있어.
- 신이 내가 갈 길을 보여주고 있어.
- 내 안의 지혜가 지금의 나를 인도하고 있어.
- 신이 이 문제를 완벽하게 해결하도록 나를 이끌어주고 있어.
- 내 안의 빛이 지금 바로 여기에서 내 몸과 마음, 나와 관계된 모든 일들에 기적을 일으키고 있어.

제 4 부
스스로를 업그레이드하라

올바른 관계의 비밀을 알고 싶은가?
사람과 사물들 속에 존재하는 신성을 느껴보라.
그리고 나머지는 모두 하늘에 맡겨라.

앨런 분의 《모든 생명의 친척》 중에서

** 인생의
워크북을 만든다 **

시각화를 위한 워크북으로 사용할 수첩을 따로 준비하는 것도 괜찮습니다. 여기서는 시각화를 위해 수첩에 적어두면 좋을 여러 명상법과 그 과정을 소개하겠습니다. 타인들에게 듣거나 평소 생각해온 긍정의 말을 필요할 때마다 들춰볼 수 있도록 수첩에 적어두면 명상에 큰 도움이 될 것입니다.

수첩을 활용할 때 여러 가지 톡톡 튀는 아이디어들을 많이 적용해봅니다. 소망이나 목표를 기록해두거나, 시각화가 발전해가는 과정을 시기별로 정리해두는 것입니다. 혹은 용기를 불어넣는 생각이나 느낌을 써놓거나, 감동적으로 읽은 책이나 노래의 한 구절을 옮겨 적어도 좋고, 영혼의 성숙 과정을 읊은 시나 노래, 그림 등을 직접 지어서 적어둘 수도 있습니다.

필자도 시각화를 할 때면 꼬박꼬박 소망과 긍정화 문장, 이상적인 상황, 보물지도 등을 기록해둔 수첩을 들춰봅니다. 이 수첩은 필자의 삶을 변화시키는 데 아주 중요한 역할을 하고 있습니다.

다음은 수첩을 활용하는 방법입니다.

1. 자신에게 필요한 긍정의 말을 일목요연하게 정리한다

수첩 한 쪽에 다 적어둘 수도 있고, 한 쪽에 하나씩만 적어놓은 뒤 예쁘게 칸을 치거나 장식을 해도 좋습니다. 수첩을 훑어본 후 잠시 숨을 가다듬고 명상에 들어가면 기분이 한결 좋아질 것입니다.

2. 다른 사람에게 에너지를 전할 수 있는 방법들을 적는다

이웃들과 세상을 향해 에너지를 흘려보내는 방법을 일반적인 것에서 구체적인 것에 이르기까지 모두 적어봅니다. 돈이나 시간, 사랑, 애정, 감사의 마음, 활기찬 기운, 우정, 자신의 특별한 재능이나 능력 등을 전해줄 방법이면 어떤 것이든 좋습니다. 또 새롭게 떠오른 방법이 있으면 언제든 이 목록에 덧붙입니다.

3. 자신이 거둔 성공을 하나하나 적어둔다

일과 관련된 것이나 삶의 모든 분야에서 성공을 거두고 있는 일이나 과거에 이미 성취해 놓은 일들을 모두 기록합니다. 타인들에게는 사소하게 여겨지더라도 자신에게 남다른 의미가 있는 일이라면 무엇이든 다 적어둡니다. 그리고 미처 기억하지 못했던 일이 생각났거나 새로 무언가를 성취했을 때는 목록에 그 내용을 덧붙입니다. 굳이 이런 목록을 만드는 이유는 자신의 능력을 인정해줘야 더 많은 일을 이뤄낼 힘을 얻기 때문입니다.

4. 감사해야 할 대상을 모두 적어본다

자신이 누리고 있는 것들 가운데서 특별히 감사해야 할 것이 있으면, 생각나는 대로 적어봅니다. 이런 목록을 작성하고 첨가하는 작업을 계속하다 보면, 자신도 모르는 사이에 마음이 훤히 열리는 느낌이 듭니다. 또 당연하게만 여겨온 많은 것들이 얼마나 소중한지도 깨닫게 됩니다. 거기다 자신이 누리는 풍요로움과 행복에 눈뜨면서 그것들을 표현하는 능력도 향상됩니다.

5. 자신의 미덕이나 장점을 적는다

스스로 자랑스럽게 여기는 장점이나 긍정적인 면을 모두 적습니다. 이것은 결코 근거 없이 자신을 과대평가하는 자아도취가 아닙니다. 자신을 좋게 생각할수록 장점을 더욱 잘 받아들이고, 그 결과로 훨씬 행복하고 사랑스러운 사람이 될 수 있습니다. 또 에너지를 더욱 많이 흡수해서 세상에 보탬이 되는 일도 훨씬 더 많이 할 수 있습니다.

6. 자신에게 호의를 베푸는 방법을 적는다

성장에 보탬이 되거나 기분을 전환하는 데 도움이 되는 일 등, 자신에게 호의를 베푸는 방법을 떠오르는 대로 모두 적습니다. 아주 사소한 일부터 중요한 것까지 모두 이 목록에 집어넣을 수 있습니다. 그렇지만 이 중 몇 가지는 꼭 매일 쉽게 실천할 수 있는 것이어야 합니다. 실천이야말로 가장 중요한 덕목이기 때문입니다.

7. 도움이나 치료의 손길을 필요로 하는 사람들의 명단을 작성한다

아는 사람들 중에서 치료나 특별한 도움이 필요한 사람들의 이름을 일일이 적습니다. 더불어 그들에게 도움이 될 구체적인 긍정의 말도 함께 적어 넣습니다. 이렇게 해놓으면 수첩을 펼쳐볼 때마다 자신도 모르는 사이에 그들에게 특별한 도움을 주는 에너지를 흘려보내게 될 것입니다.

8. 기발한 발상은 떠오르는 대로 적어둔다

기발한 발상이나 멋진 계획, 꿈 등이 떠오르면 그때그때 기록해둡니다. 억지스럽게 느껴지거나 실천할 가능성이 전혀 없는 것처럼 보여도 이렇게 적어두는 것이 좋습니다. 긴장된 마음을 느슨하게 풀어줄뿐더러, 상상력과 에너지를 자극하는 효과가 있기 때문입니다.

물론 바쁜 일상 속에서 이처럼 짬을 내 수첩을 정리한다는 것이 그리 쉽지만은 않을 것입니다. 그러나 하루에 단 몇 분 혹은 일주일에 한두 시간 정도만 짬을 내도 마음 깊은 곳에서 많은 일들이 이루어지고 있음을 깨달을 것입니다. 이런 성취는 실제로 우리가 쏟아부은 시간과 에너지보다 몇 백 배는 더 소중한 결실입니다.

** 마음속
장애물을 걷어낸다 **

시각화 과정에서 누구나 행복에 이르는 길을 가로막는 내면의 장애물에 부딪힌 적이 있을 것입니다. 이 '장애물'은 에너지가 흐르지 못하고 엉겨 붙어서 생긴 것인데, 대개는 두려움이나 슬픔, 죄책감, 자책감, 분노 같은 억압된 감정에서 비롯됩니다. 이런 장애물들은 영적·정신적·감정적으로 심지어는 신체적으로 우리를 핍박하고 억압합니다.

그러므로 어떤 차원의 장애물이든 그 부분에 고여 있는 에너지를 원활히 흐르게 해주어야 합니다. 방법은 다음과 같습니다.

① 자신에게 다가오는 것들을 정신적으로는 물론 감정적으로도 인정하고 받아들입니다. 그러면 몸도 훨씬 편안하고 가볍게 느껴집니다.
② 꼼꼼한 주시로 문제의 뿌리를 밝혀냅니다. 문제의 근본적인 원인

은 대부분 스스로를 억압하는 잘못된 생각이나 태도에 있습니다.

의식 속에서 장애물이 가로막고 있는 부분을 대할 때는 먼저 호의적이고 개방적인 자세로 그 부분에 갇혀 있는 자신의 감정을 충분히 느끼고 경험합니다. 그래야 고여 있던 에너지가 원활하게 흐르고, 문제의 씨앗인 부정적인 태도나 생각도 정확하게 파악할 수 있습니다.

놀랍게도 이 과정은 긍정적인 생각만을 정확하게 끄집어내고 주변의 감정도 받아들이게 도와줍니다. 이렇게 자신을 파악하고 인정하면, 거의 모든 문제들이 저절로 풀립니다.

굉장히 어려운 일 같지만 이것은 생각보다 훨씬 쉽습니다. 자신을 사랑하고 인정하는 동시에 자신을 억압하고 파괴해온 잘못된 생각들을 훌훌 털어내는 모습을 그려보기만 하면 되기 때문입니다.

마음의 장애물을 빚어내는 그릇된 생각들은 대개 다음과 같습니다.

마음속 장애물을 만들어내는 부정적인 생각
- 난 안 돼…… 나한텐 무언가 잘못된 부분이 있어. 난 쓸모없는 존재야.

- 살아오면서 나쁜 일들을 그렇게 많이 저질렀는데 죗값을 받는 게 당연하지.
- 나를 포함해서 인간은 원래 사악한 존재야. 이기적이고 잔인하고 멍청한 데다 믿을 수도 없고 바보 같애.
- 세상은 위험한 곳이야.
- 사랑이나 돈, 좋은 물건들 모두 이 세상엔 충분치 않아. 내 몫을 챙기려면 싸울 수밖에 없어. 안 그러면 아무 희망도 없어.
- 삶은 원래 고난의 연속이야. 즐거움과 만족을 위한 게 아니라구.
- 사랑은 위험한 거야. 상처를 입게 될지도 모르거든.
- 권력도 위험해. 누군가에게 상처를 입힐 수도 있으니까.
- 돈은 모든 악의 근원이야. 모든 것을 부패시키는 주범이 바로 돈이거든.
- 세상은 제대로 돌아가고 있지 않아. 앞으로도 그렇지 못할 거야. 계속 더 나빠지고만 있잖아.
- 내게 일어나는 일들을 통제할 수 없어. 나의 삶은 물론 세상에 영향을 미칠 힘이 내게는 하나도 없다구.

위의 부정적인 생각들을 꼼꼼히 읽어보고, 자신의 마음속에도 이러한 생각들이 도사리고 있는지 다시 확인합니다.

이런 생각들을 접하면 누구나 울적한 기분이 듭니다. 그러나 누구나 어느 정도는 현실에 대해서 이런 부정적인 생각들을 품고 있습니다. 따라서 자신도 이런 부정적인 생각들을 토대로 현실을 바라보고 있다 해서 새삼 놀랄 필요는 없습니다. 이런 사고방식이 오늘날 우리가 살아가는 세상에 팽배해 있기 때문입니다. 다행히도 세상이 급속히 변하고 있기는 하지만, 사실 우리가 사는 세계는 이런 생각들에 따라 움직이고 있습니다.

여기서 한 가지 깨달아야 할 중요한 사실이 있습니다. 이런 부정적인 생각들이 말 그대로 어떤 객관적인 진실이 아니라, 우리의 주관적인 생각일 뿐이라는 점입니다. 물론 주변을 둘러보면 이런 생각들이 진실처럼 느껴지는 순간도 많을 것입니다. 그러나 이것은 너무도 많은 사람들이 이런 부정적인 생각들을 받아들이고 그에 따라 행동하며 살아가고 있기 때문입니다.

세상을 바꾸기 위한 가장 효과적인 일은 삶과 인간, 현실에 대한 자신의 생각을 바꾸고 그에 맞게 행동하는 것입니다.

마음 청소하기 1

목표를 실현하는 데 어려움이 따르거나, 내면에서 목표를 성취하지 못하게 가로막는 어떤 저항이 느껴진다면, 다음과 같은 훈련을 해봅니다.

① 종이를 한 장 꺼내 맨 위에 "내가 원하는 것들을 이룰 수 없는 이유"라고 제목을 쓴 다음, 머릿속에 떠오르는 대로 이유들을 하나하나 적어 내려갑니다. 너무 진지하게 오랫동안 생각하지 말고, 우습고 멍청한 생각처럼 여겨져도 그 즉시 떠오르는 대로 이삼십 가지 정도 적어봅니다. 예를 들면 다음과 같습니다.

내가 원하는 것들을 이룰 수 없는 이유
- 너무 게을러서.
- 돈이 충분치 않아서.
- 목표가 없기 때문에.
- 열심히 노력해 보았지만 아무런 성과가 없어서.
- 어머니께서 말씀하시길 "넌 안 된다"고 하셨기 때문에.
- <u>스스로 간절히 원하지 않아서.</u>
- 너무 어려워서.
- 용기가 없어서.
- ○○가 좋아하지 않을 것 같아서.

- 너무 재미가 없어서.

② 이번엔 목표를 구체적으로 정한 다음, 앞에 똑같은 방식으로 해 봅니다. 예를 들어 "내가 좋은 일자리를 구할 수 없는 이유"라고 제목을 단 다음, 그 원인들을 생각나는 대로 적어봅니다.

다 적었으면 몇 분 동안 조용히 앉아서 항목을 꼼꼼히 살펴봅니다. 그리고 그 원인들이 진실로 여겨지는지, 그런 생각들을 어떤 식으로든 조금이라도 믿고 있는지 자신에게 물어봅니다. 그리고 자신과 세상에 대해 스스로 어떤 제약을 가하고 있는지 파악합니다.

③ 자신과 주변 사람들, 사람들과의 관계, 세상과 삶에 대한 자신의 생각들 중에서 가장 부정적인 것들을 모두 적어 내려갑니다. 그리고 조용히 앉아 적어 놓은 항목을 읽어보면서, 그런 부정적인 생각들 중에서 의식적으로든 무의식적으로든 자신에게 감정적으로 영향을 미칠 수 있는 것들을 파악합니다.

위의 훈련을 하는 도중에 알 수 없는 감정이 솟구쳐 오르면, 가만히 앉아 마음을 활짝 열어 놓고 그 감정을 최대한 있는 그대로 느껴봅니다. 어린 시절에 겪은 어떤 경험이나 부모님이나 선생님이 한 말씀들 중에서 자신의 세계관을 지금과 같은 모습으로 굳어지게 만든 어떤 말이 섬광처럼 스쳐 갈지도 모릅니다.

④ 자신이 품고 있는 생각 중에서 부정적인 것들을 한두 가지 확인하고 나면, 이 과정은 이제 다 끝난 것이나 마찬가지입니다. 그러면 항목을 적은 종이를 찢어서 멀리 던져버립니다. 이것은 더 이상 부정적인 생각들에 휘둘리지 않겠다는 다짐을 상징적으로 표현하는 행동입니다.

그런 다음 심신을 진정시키고 조용히 앉아서 자신을 위축시키는 부정적인 생각을 개방적이고 발전적이며 긍정적인 생각으로 바꾸게 해주는 긍정화를 시작합니다. 마음의 장애물을 제거하는 데 효과적인 몇 가지 긍정화는 다음과 같습니다.

마음의 장애물을 걷어 내주는 말
- 어두운 과거를 모두 지워버린 지금, 과거의 그늘에서 벗어난 지금, 난 자유롭기 그지없어.
- 나를 가로막는 모든 부정적인 생각은 훨훨 날려버리는 거야. 이제 그런 생각들은 내게 아무런 영향도 미치지 못해.
- 이제 내 삶에 등장했던 모든 사람들을 자유롭게 풀어주고 용서해

야지.
- 다른 사람들을 즐겁게 해주려고 억지로 노력할 필요는 없어. 무엇을 하든 난 원래부터 사랑스럽고 매력적인 사람이니까!
- 가슴속에 응어리져 있던 두려움과 죄책감, 분노, 실망, 탐욕을 모두 털어버린 지금, 난 드디어 맑고 자유로운 사람으로 다시 태어났어!
- 부정적인 자기 이미지와 태도를 깡그리 지워버리는 거야. 나를 사랑하며 나의 진가를 인정해야지.
- 나를 충분히 표현하지도, 삶을 만끽하지도 못하게 했던 모든 장애물이 드디어 말끔히 사라져버렸어.
- 아! 세상은 정말 아름답고 살기 좋은 곳이야.
- 필요한 것이 무엇이든 우주가 다 제공해줘.

마음 청소하기 2

다음은 용서를 통해 타인과 자신의 마음을 홀가분하게 풀어주는 훈련법입니다.

① 종이를 한 장 준비해서 그 위에 자신에게 해를 끼치고 부당한 일을 저지른 사람, 상처를 주거나 적개심을 심어준 사람의 이름을 모두

적습니다. 그리고 이름 옆에는 그 사람이 자신에게 저지른 일이나 그에게 적개심을 품게 된 이유 등을 구체적으로 적어봅니다.

이제 두 눈을 감고 마음을 가라앉힌 다음, 차례대로 그 사람들의 모습을 떠올립니다. 그리고 한 사람 한 사람과 이야기를 나누면서 예전에 "당신 때문에 화가 났으며 상처를 입었다"는 이야기를 들려줍니다. "그러나 이제는 당신이 내게 저지른 모든 잘못을 용서해서 가슴에 응어리진 에너지를 시원하게 풀어주기 위해 최선을 다하고 있다"는 말도 해줍니다.

마지막으로 그에게 축복의 말을 전하면서 이렇게 덧붙입니다. "이제 난 당신을 다 용서했습니다. 당신도 갈 길을 가시고 부디 행복하게 사세요."

이 과정을 마친 다음에는 종이 위에 "나는 이제 당신들을 모두 용서했다"라고 씁니다. 그리고 돌이키고 싶지 않은 과거의 경험들을 모두 날려버린다는 의미로 종이를 멀리 던져버립니다.

이 방법은 오랜 세월 가슴속에 쌓아두었던 분노와 적개심에서 벗어나는 데 큰 효과가 있습니다. 더욱 놀라운 것은 우리에게 이런 부정적인 감정을 불러일으킨 당사자(오랫동안 만나지 못한 사람이라도)도 이런 용서를 받아들여 그들의 삶까지 말끔히 정화시킨다는 점입니다.

이런 훈련을 처음 시작할 때는 도저히 용서하거나 지워버릴 수 없는 대상이 있을지도 모릅니다. 그 대상이 부모님이나 배우자처럼 자신의 삶에 중요한 영향을 미친 사람이라면 더 그렇습니다.

이처럼 감정의 응어리가 깊고 단단하게 뿌리 박혀 있을 때는 정신과 의사나 상담원을 찾아가 대화를 나눠보거나, 편안한 장소를 찾아가 가슴에 묻어둔 분노나 상처를 마음껏 토해내는 것도 좋습니다. 모든 감정을 자연스럽게 받아들이고 표현할 수 있기 전에는 억지로 다른 사람들을 용서할 수 없기 때문입니다. 먼저 자신의 감정을 기꺼이 인정하고 표현할 수 있어야 용서도 가능해집니다.

이 훈련을 틈나는 대로 반복하다 보면 마음속 응어리들이 저절로 풀릴 것입니다. 이렇게 하는 것도 다 자신의 건강과 행복을 위한 것이라는 사실을 잊지 않습니다.

이런 과정을 끝마치면 많은 사람들이 몸의 질병까지 기적적으로 치유되는 경험을 합니다. 그 이유는 암이나 관절염 같은 많은 질병들이 가슴속에 쌓여 있던 분노나 적개심 같은 부정적인 감정들과 직접적으로 연관되어 있기 때문입니다.

② 이제는 반대로 자신이 상처를 입혔거나 부당하게 대한 사람들의 이름을 생각나는 대로 모두 적습니다. 그리고 이름 옆에는 그들에게 지은 자신의 죄를 낱낱이 덧붙입니다.

이제 두 눈을 감고 몸과 마음의 긴장을 푼 다음, 그들의 모습을 차례대로 마음속에 그려봅니다. 한 사람 한 사람에게 자신이 저지른 일들을 이야기해주고 용서를 빈 다음, 자신의 행복을 빌어달라고 간절히 부탁합니다. 그러고 나서 그 사람이 용서를 받아들이는 모습을 마음속으로 그려봅니다.

이 과정을 다 끝마치면 종이 맨 아래쪽이나 한가운데에 "지금 바로 여기에서 나의 모든 죄를 용서해준다. 영원히!"라고 쓴 다음, 종이를 찢어서 훌훌 날려버립니다.

❖ **마음 청소하기 3**
장롱이나 서랍, 지하실, 차고, 책상서랍 등 자질구레한 잡동사니들이 쌓여 있는 곳들을 다 뒤져서 쓸데없는 것들을 골라 다른 사람들에게 주거나 과감히 버립니다. 이런 단호한 조치는 정신적·육체적 차원에서 행하는 하나의 상징적인 행위입니다. 쓸모없는 것들을 모두 버려서 에너지의 흐름을 원활하게 만들고, '마음의 집도' 더욱 정갈하고 깨끗하게 정리하는 의미를 담고 있습니다.

이렇게 하면서 다음과 같이 긍정화를 하면 마음이 훨씬 즐겁고 가뿐해집니다.

마음을 밝고 맑게 만들어주는 말
- 버리면 버릴수록 좋은 것들을 받아들일 수 있는 공간이 더 많이 생기는 법이야.
- 나는 받는 것은 물론 주는 것도 좋아해.
- 내가 생활하는 공간을 깨끗이 비워내 삶의 모든 면에서 불필요한 것들을 말끔히 지워버리는 거야.
- 지금 내게 다가오는 모든 행운들을 받아들이기 위해 내 삶을 다시 가지런하게 정리하고 있어.
- 지금 내게 있는 것은 물론 앞으로 주어질 모든 것들에 감사해야지.

** 나를 위한
긍정의 글을 쓴다 **

필자가 삶을 극적으로 변화시킬 수 있었던 것은 바로 지금부터 설명할 이 방법 덕분입니다. 이 방법은 글로 하는 긍정화와 마음을 청소하는 훈련을 절묘하게 결합시킨 것입니다. 아주 간단하면서도 마음 깊은 곳까지 파고드는 효과가 있어서 필자는 자주 이 방법을 사용합니다.

글 자체가 정신에 많은 영향을 미치기 때문에 글로 하는 긍정화는 매우 효과적인 방법입니다. 또 쓰는 동시에 읽으면서 하기 때문에 에너지를 이중으로 받아들이는 효과도 있습니다.

긍정의 글을 하나 선택해서 종이 위에 열 번이고 스무 번이고 계속 써내려 갑니다. 이름을 집어넣고 1인칭과 2인칭, 3인칭으로 문장을 다양하게 바꾸어 써봅니다.

예를 들어, "나, ○○는 성공적인 가수이자 작곡가다"라고 쓴 다음, "○○, 넌 아주 성공적인 가수이자 작곡가야", "○○는 아주 성공적인 가수이자 작곡가다" 하는 식으로 시점을 바꾸어가며 써보는 것입니다.

쓸 때는 입으로만 달달 외워서 쓰지 말고, 한마디 한마디의 의미를 가슴 깊이 새기면서 씁니다. 그러면서 쓰고 있는 내용에 어떤 거부감이나 의심, 부정적인 생각이 일어나지는 않는지 마음속을 잘 들여다봅니다.

조금이라도 그런 기미가 느껴지면 종이를 뒤집어서 뒷면에다 부정적인 생각들과 긍정화가 잘 이루어지지 않는 이유들을 생각나는 대로 적어봅니다. 예를 들어 "나한텐 능력이 충분치 않아. 난 너무 나이가 많아. 이 일은 잘되지 않을 거야" 같은 생각들을 적는 것입니다. 그런 다음 계속 써내려 갑니다.

다 쓰고 나면 종이 뒷면에 적어 놓은 글을 다시 읽어봅니다. 솔직하게 썼다면 자신이 원하는 것을 이룰 수 없는 이유들을 분명히 깨달을 것입니다.

그 이유들을 염두에 두고, 두려움이나 부정적인 생각을 지워버리는 데 도움이 될 만한 글을 생각해내 종이 위에 써내려 갑니다. 예를 들어 "아버지가 그랬던 것처럼 난 성공할 수 없을 거야"라는 비관적인 생각이 자꾸 들면, "아버지는 나의 성공에 뿌듯해 하시며 행복해 하실 거야"처럼 긍정적인 생각을 불어넣습니다. 그렇지만 처음에 쓴 글이 더 효과적으로 느껴지면, 그것을 계속 고수하거나 약간만 문장을 수정합니다.

며칠 동안 하루 두세 번씩 이런 훈련을 반복합니다. 부정적인 생각을 정확히 깨달은 느낌이 들면, 부정적인 생각을 쓰는 일은 그만두고 긍정적인 말만 계속 써내려 갑니다.

필자의 경험을 토대로 볼 때, 마음을 청소하는 과정을 마친 다음에 위의 방법을 이용하면 어떤 내용의 긍정화든 놀랄 만큼 빨리 실현됩니다. 이런 식으로 필자는 내 자신의 사고방식까지 통찰할 수 있었습니다.

** 진실로 원하는 것을
목표로 세운다 **

원하는 것을 얻는 과정에서 가장 혼란에 빠지기 쉬우면서도 가장 중요한 것은 자신이 '정말로' 원하는 것을 발견하는 일입니다. 필자의 삶을 되돌아보아도 이것은 틀림없는 사실입니다. 원하는 것을 발견한 후 이것을 달성하고야 말겠다는 강한 목적의식이 싹트자, 별 노력도 없이 쉽게 그 일이 이루어졌습니다. 바라는 것을 분명하게 깨달은 지 불과 몇 시간 혹은 며칠 만에 말입니다.

정말로 바라는 것이 무엇인지를 깨닫는 순간, 마치 컴퓨터를 켰을 때처럼 의식이 환하게 밝아지면서 모든 것이 빠르게 움직이기 시작하는 것 같은 느낌을 받았습니다. 더불어 머지않아 기필코 목적을 이루리라는 확신도 강하게 들었습니다.

그러나 이처럼 분명하게 목적을 깨닫기까지는 일정한 노력과 시간이 필요합니다. 또 순간적으로 모든 것을 확실하게 깨닫는 경지에 이르기 전에는 대개 스스로 극복할 수밖에 없는 혼돈과 절망, 좌절을 겪습니다. 하지만 어둡고 음울한 시간이 지나면 곧이어 신새벽이 찾아오는 법이므로 걱정할 필요는 없습니다.

이런 사실을 분명하게 보여주는 예로 필자의 경험을 하나 들려주겠습니다.

인생의 동반자를 찾고 싶다는 바람을 분명하게 인식하기 전까지 필자는 마음의 문제를 해결하기 위해 10년 동안이나 치료를 받아야 했습니다. 치료를 받으면서 마음 깊은 곳에 커다란 두려움과 불안이 웅크리고 있음을 발견했습니다. 동반자를 얻을 충분한 준비가 되어 있다고 생각했지만, 사실은 아니었던 것입니다. 그러나 이런 감정을 인정하고 두려움과 같은 낡은 감정을 치료하는 일에 전념하자 목적은 점점 더 분명해졌습니다. 그로부터 3주 후, 지금의 남편과 함께 살게 되었습니다.

목표를 찾아가는 훈련을 거치고 나면, 삶에서 진정으로 원하는 것을 한결 쉽게 발견할 수 있습니다. 종이와 펜만 있으면 되는 이 훈련은 실제로 많은 도움이 됩니다. 그러나 꼭 명심해야 할 점들이 몇 가지 있습니다.

첫째, 구체적인 목표를 정했다고 해서 꼭 그 목표를 끝까지 밀고 나가야 하는 것은 아닙니다. 목표를 바꾸는 게 좋을 것 같으면 언제든 변경해도 됩니다.

둘째, 목표를 정했다고 해서 그 목표를 이루기 위해 억지로 젖 먹던 힘까지 짜내가며 싸워야 할 필요는 없습니다.

목표는 우리가 편안하고 즐겁게 살아가도록 도와줍니다. 삶의 본질이 움직임과 흐름에 있다면, 목표는 에너지를 쏟아 부어야 할 분명한 대상과 방향을 제시해주기 때문입니다. 그러므로 목표를 확고히 세우면, 에너지를 밖으로 흘려보내 세상에 도움을 주는 일도 더욱 쉬워지고 삶의 만족감과 행복감도 그만큼 더욱 커집니다.

목표를 정할 때는 삶이 아주 유쾌하고 가치 있는 게임과 같다고 생각하는 것이 좋습니다. 지나치게 무겁거나 진지한 마음으로 목표를 정하면, 도리어 방해만 되기 때문입니다. 그러면서도 목표의 중요성을 충분히 인식해서 그 목표를 진정 가치 있는 것으로 만들어야 합니다.

목표를 정하는 과정에서 어떤 저항감을 경험할 수도 있습니다. 이런 느낌은 우울해지면서 절망적인 기분이 들거나, 목표를 정해야 한다는 생각이 강박관념처럼 자신을 억누르는 등 여러 가지 형태로 나타날 수 있습니다. 아니면 폭식이나 수면 같은 활동으로 일부러 관심을 다른 데로 돌리고픈 충동이 생길 수도 있습니다. 이런 감정적인 반응은 자신이 원하는 것을 스스로 어떻게 회피하고 있는지 파악할 수 있는 실마리가 돼줍니다.

그럴 때는 자신의 '감정과 반응을 충분히 느끼고 경험해 그것에서 벗어난 다음에 다시 목표를 찾는' 것이 좋습니다. 일단 이런 과정에 들어가고 나면 그것이 얼마나 중요한 일인지 깨닫게 됩니다.

목표를 정하는 작업을 지나치게 복잡하거나 무거운 일로만 생각할 필요는 없습니다. 처음에는 간단하고 분명한 목표부터 시작했다가, 살아가면서 언제든 목표를 바꾸거나 수정할 수도 있습니다. 이 사실을 잊지 말아야 합니다.

❖ **목표를 찾아서**

① 펜과 종이를 꺼내서 다음 항목들을 적어본다.
- 영혼의 진화 · 공부 :
- 좋아하는 일 · 직업 :
- 인간관계 :
- 적극적인 자기표현 :
- 돈 :
- 삶의 방식 · 소유물 :
- 레저 · 여행 :

이제 자신이 처해 있는 상황을 염두에 두고, 각 항목 밑에 가까운 장래에 갖고 싶거나 더 좋게 만들고 싶은 것들을 적어봅니다. 너무 심각하게 생각하지는 말고 머릿속에 떠오르는 대로 모두 적습니다.

이 훈련의 목적은 원하는 것들을 더 편안하고 솔직하게 생각해보기 위해서입니다.

② 종이를 한 장 더 꺼내서 맨 꼭대기에 "내가 원하는 대로 이루어지고, 원하는 대로 할 수 있으며, 원하는 모든 것들을 가질 수 있다

면, 내가 바라는 가장 이상적인 삶이 될 것입니다"라고 씁니다. 그리고 나서 좀 전과 똑같이 일곱 가지 항목을 적고, 각각의 항목 밑에 가장 완벽하고 이상적인 삶을 한두 문단 정도로 적어봅니다. 물론 더 길게 적어도 좋습니다.

이렇게 하는 이유는 상상력을 자극해 꿈꾸는 모든 것들이 실제로 이루어지게 만들기 위해서입니다.

여기까지 마치고 나면, "세계의 상황과 환경"이라는 항목을 첨가합니다. 세상을 바꿀 힘이 있을 경우 삶에서 꼭 보고 싶은 모습들(세계 평화나 가난의 종식, 서로를 더 분명하게 인식하며 자연과 조화롭게 어우러져 살아가는 사람들의 모습, 흥미진진한 배움의 장으로 탈바꿈한 학교, 진정한 치유의 중심 역할을 하는 병원 등)을 그려보는 것입니다. 최대한 창의적으로 적다 보면, 한 번도 해본 적 없는 온갖 재미있는 생각들까지 꼬리를 물고 떠오를 것입니다.

이제 지금까지 적은 것들을 다시 읽어보면서 잠시 명상에 잠깁니다. 아름다운 세계에서 살아가는 자신의 모습을 그려보는 것입니다.

③ 다시 깨끗한 종이를 한 장 꺼냅니다. 위에서 그려낸 이상적인 삶

의 풍경 중에서 가장 의미 있는 것을 토대로 지금 자신에게 가장 중요한 목표를 열 개에서 열두 개가량 적습니다. 이것도 언제든 변경하거나 수정할 수 있다는 사실을 기억합니다.

④ 이제 "5년 내 이루어야 할 목표들"이란 제목을 달고, 5년 안에 꼭 이루고 싶은 목표를 생각나는 대로 죽 적어봅니다.

이미 실현된 꿈을 자랑하듯 목표를 긍정화문의 형태로 바꾸어 써보면, 효과가 더욱 분명하고 강해집니다. 예를 들면 다음과 같습니다.

- 나는 지금 시골에 1만 평의 땅을 갖고 있으며, 그곳의 아름다운 집에서 살고 있어. 거기엔 아름다운 과수원과 시냇물이 있고 가축들도 굉장히 많아.
- 나는 열정적이고 수준 높은 청중들을 대상으로 세미나를 열거나 강의를 하면서 편안하고 풍요롭게 살아가고 있어.

목표를 적을 때는 원해야 한다고 생각하는 목표가 아니라, 진실로 원하는 실제적이고 의미 있는 목표를 씁니다. 또 원치 않으면 누구에게도 목표를 보여줄 필요가 없으며, 처음부터 끝까지 자신에게 솔직해야 합니다.

⑤ 지금까지 이야기한 과정을 1년 동안 계속합니다. 지나치게 많은 목표를 세우는 것은 좋지 않습니다. 처음에 너무 많은 목표를 설정했다면, 가장 중요한 대여섯 가지만 추려내고 나머지는 지워버리는 것이 좋습니다.

그 목표들이 5년 안에 이뤄야 할 목표들과 잘 부합하는지 살펴봅니다. 1년 목표들을 성취했을 때, 그것들이 5년 목표들에 더 가까이 다가가도록 방향을 제시해주고 있는지 살펴보는 것입니다.

예를 들어, 5년 목표 중에 자기 사업체를 갖는 것이 포함되어 있다면, 그 목표를 위해 일정한 돈을 저축하거나 필요한 경험을 쌓을 수 있도록 동종의 직장에 취직하는 것을 1년 목표에 끼워 넣습니다.

이제 지금부터 6개월과 1개월, 일주일 이내에 성취할 목표들을 적어봅니다. 그중에서 가장 중요한 것들을 서너 가지 추려냅니다. 단기 목표의 경우, 실제로 얼마나 잘 이루어낼 수 있을지 현실적으로 생각해야 합니다. 그리고 장기적인 목표들과 잘 부합되는지도 확인합니다.

먼 미래의 일을 구체적으로 그려내는 것은 어려운 일입니다. 때문에 미리 무언가를 계획한다는 것이 다소 힘겹게 느껴질 수도 있습니다.

그러나 계획을 세웠다고 억지로 끝까지 밀고 나가야 하는 것은 아닙니다. 어쩔 수 없이 목표를 대폭 수정해야만 하는 경우가 생기기 마련입니다.

지금까지 설명한 훈련의 목적은 다음과 같습니다.

① 목표를 세우는 습관을 들인다.
② 간절히 바라면 마음속에 그린 것 중 일부를 실제로 현실화할 수 있음을 깨닫는다.
③ 삶의 가장 중요한 목적과 방향을 발견한다.

목표를 수첩에 적어두었다가 몇 달에 한 번씩, 혹은 도움이 될 것 같은 느낌이 들 때마다 수첩을 펴놓고 앉아 앞에서 이야기한 과정을 반복하면서 목표를 재검토하거나 수정합니다. 이렇게 할 때는 항상 수첩에 날짜를 명기하고, 목표를 시기별로 일목요연하게 정리합니다. 나중에 들추어보면서 목표가 어떻게 차츰 변화·발전해왔는지를 살펴보는 일도 재미있을 것입니다.

✥ 목표를 정하는 몇 가지 원칙

① 일주일이나 한 달 단위의 단기 목표들은 간단하고 현실적인 것일수록 좋습니다. 특별히 어려운 문제에 도전하고 싶은 것이 아니라면, 성취할 수 있다는 확신이 강하게 드는 간단한 목표를 선택합니다. 그러나 장기 목표는 더 원대하고 창의적으로 세우는 것이 좋습니다. 그래야 시야를 꾸준히 넓힐 수 있습니다.

② 이루지 못한 목표가 생겨도 자신을 비난하거나 실패했다고 자책할 필요는 없습니다. 목표를 이루지 못했다는 사실을 그냥 받아들이고, 목표로서 여전히 유효한지 생각해봅니다. 다시 목표로 세우고픈 마음이 간절한지 아니면 지워버리고 싶은지 내면을 잘 들여다보는 것입니다.

이루지 못한 목표를 이렇게 받아들이는 것도 아주 중요한 일입니다. 안 그러면 이루지 못한 목표들이 마음 밑바닥에 그대로 쌓여 있다가 무의식적으로 '실패'했다는 자책감을 불러일으키고, 그로 인해 자신도 모르는 새에 목표 설정 자체를 꺼리게 됩니다.

③ 아무리 사소하고 작은 것일지라도 목표를 이루었을 때는 자신을 칭찬해줍니다. 그동안 어려움을 겪은 자신을 위로하며 잠깐이라도

성취감을 만끽해보는 시간을 갖습니다. 그토록 바라던 목표를 이루고 나서도 그 사실 자체를 까맣게 잊어버리거나 성취감을 만끽할 줄 모르는 사람이 얼마나 많은지, 우습기 짝이 없는 일입니다.

④ 한 번에 너무 많은 목표에 손을 대서는 안 됩니다. 너무 많은 목표 때문에 마음이 무겁거나 혼란스럽고 기운이 빠질 때는 목표를 단순화해야 합니다. 일자리나 인간관계 등 한 분야에 관련된 목표들만을 추려내는 것이 좋습니다. 이런 과정은 삶을 더 유쾌하게 받아들이도록 해줍니다.

매번 세우기만 할 뿐 이루지 못했다면, 너무 비현실적이고 거창한 목표를 세웠기 때문일 것입니다. 혹은 진실로 원하지 않는 것을 목표로 정한 탓에, 꼭 이루고야 말겠다는 강한 의지가 부족했기 때문일 수도 있습니다. 그러므로 목표는 항상 현실적으로 실현 가능성이 있으며 진실로 원하는 것으로 정해야 합니다.

목표는 우리를 더 편안하고 즐거우며 의욕적으로 만들어줄 뿐만 아니라, 시야도 넓혀줍니다. 혹시 그런 느낌이 들지 않는다면, 다른 목표를 찾아보는 것이 좋습니다.

** 마음의
그림을 그려낸다 **

시각화는 마음속 이미지나 말 혹은 글이나 실제적인 이미지, 그림 등의 형태로 이루어집니다. 분명한 '마음의 청사진'을 만드는 데 도움이 되는 것이라면 무엇이든 시각화에 이용할 수 있습니다.

다음은 글로 마음의 그림을 그려내는 명상법입니다. 이 방법은 자신이 진실로 바라는 것을 더 분명하게 깨닫고 더 쉽게 현실화하도록 도와줍니다. 그래서 중요한 목표를 세울 때마다 필자도 이 방법을 이용합니다.

단기 목표든 장기 목표든, 자신에게 중요한 의미를 갖는 목표를 생각해봅니다. 그리고 나서 그 목표를 한 문장으로 간단하고 분명하게 정리합니다. 그런 다음 문장 밑에 "이상적인 상황"이란 제목을 달고, 목표가 완벽하게 성취되었을 때의 상황을 바라는 그대로 묘사해봅니다. 단, 이미 그런 상황에 있는 것처럼 현재시제로 세세하게 그려내는 것이 효과적입니다.

다 쓰고 나면 그 밑에 **"지금 나와 모든 이들의 행복을 위해 이것 또는 이보다 나은 무언가가 아주 만족스럽고 조화로운 방식으로 나타나고 있다"** 고 쓰고, 다른 긍정의 말이 있으면 덧붙입니다. 마지막으로 서명을 해둡니다.

이제 조용히 앉아서 심신을 편안히 이완하고 평온한 상태에서 자신이 바라는 가장 이상적인 상황을 마음속으로 그리면서 긍정화를 시작합니다.

가장 이상적인 상황을 적어 놓은 수첩을 책상서랍 속이나 침대 머리맡에 두거나 벽에 걸어둡니다. 되도록 자주 들춰보면서 필요할 때마다 내용을 적당히 추가하고, 명상을 할 때마다 내용을 마음속으로 떠올립니다.

수첩을 책상서랍 속에 처박아둔 채 까맣게 잊고 있다가 어느 날 문득 수첩에 적어 놓은 소망들이 어떤 식으로든 이루어져 있는 것을 발견할 때가 있습니다. 의식적으로는 그 목표에 전혀 에너지를 쏟아붓지 않았는데도 말입니다.

오래전에 꿈꾸던 목표나 이상적인 상황들, 보물지도 등을 되돌아볼 때면 깜짝깜짝 놀라곤 합니다. 까맣게 잊고 있던 것들이 신기하게도 처음에 그렸던 것과 거의 똑같은 모습으로 삶 속에 이미 들어와 있기 때문입니다.

** 보물지도를 만든다 **

'보물지도'를 만드는 것도 매우 효과적이고 재미있는 방법입니다.

보물지도는 자신이 꿈꾸는 현실을 사실적으로 그려낸 것입니다. 목표에 에너지를 집중하도록 분명하고도 선명한 이미지를 만들어주기 때문에 아주 중요한 의미가 있습니다. 다른 방법과 마찬가지로 보물지도도 목표 실현을 돕는 하나의 청사진 역할을 합니다.

보물지도는 연필로 그린 후 색을 칠하거나, 잡지나 책, 엽서, 사진, 그림 등에서 글자나 그림을 오려 붙이는 식으로 만들 수 있습니다. 예술적 재능이 부족하다고 걱정할 필요는 없습니다. 단순하고 유치해 보이는 보물지도도 위대한 예술 작품처럼 보이는 것 못지않게 효과적입니다.

보물지도는 목표를 완전히 이룬 가장 이상적인 상황을 보여주는 것이어야 합니다. 다음은 가장 효과적인 보물지도를 만드는 데 도움이 될 몇 가지 지침입니다.

① 지나치게 복잡하지 않으면서도 필요한 요소들을 다 담아내도록, 보물지도를 만들 때는 하나의 목표나 영역만을 다룹니다. 그러면 하나의 보물지도에 모든 목표를 표현했을 때보다 더 쉽게 정신을 목표에 집중할 수 있습니다. 그러므로 인간관계나 직업, 영혼의 성숙 등 목표들마다 그에 해당하는 보물지도를 하나씩 따로 만듭니다.

② 보물지도는 보기 편한 크기로 만드는 것이 좋습니다. 원하는 대로. 수첩에 끼워 넣거나 벽에 걸어두거나 지갑이나 호주머니에 넣고 다니기 좋은 크기로 만들면 됩니다.

③ 보물지도를 만들 때는 항상 자신의 모습도 지도 속에 집어넣습니다. 사실적인 효과를 위해 사진을 붙여 넣어도 좋고, 자신의 모습을 직접 그려 넣어도 됩니다. 멋진 새 옷을 입고 세계를 일주하는 모습이나 일을 성취하고 흐뭇해하는 모습 등 오랫동안 꿈꿔온 모습을 담습니다.

④ 꿈꾸던 것이 현실로 이루어졌을 때처럼 조금도 아쉬울 게 없는 가장 이상적이고 완벽한 상황을 담아냅니다. 보물지도는 최종 결과만을 보여주는 것이기 때문에 앞으로 어떻게 될지는 전혀 신경 쓸 필요가 없습니다. 부정적이거나 달갑지 않은 것들은 조금도 담아내지 않습니다.

⑤ 의식에 최대한 깊은 영향을 미치고 커다란 힘을 불어넣도록 여러 가지 색깔로 보물지도를 그리는 것이 좋습니다.

⑥ 보물지도에 자신을 그려 넣을 때는 좀 더 그럴듯해 보이도록 배경을 사실적으로 그립니다.

⑦ 자신에게 특별한 의미나 효과가 있는 상징물을 그려 넣습니다. 십자가, 예수 그리스도, 부처님, 눈부신 빛을 뿜어내는 태양 등 우주나 신을 상징하는 것이면 무엇이든 좋습니다. 이것은 세상 모든 것이 무한한 원천에서 비롯된다는 사실을 감사히 되새기게 해줍니다.

⑧ "나는 스키커리어를 얹은 붉은색 자가용을 몰고 있어. 아! 이 차는 내게 정말 소중해. 유지비도 충분하니 걱정할 필요도 없어" 처

럼 자신에게 도움이 되는 긍정의 글을 보물지도에 써넣는 것도 좋습니다.

이런 일상적이고 구체적인 글은 물론이고 "지금 나와 모든 이들의 행복을 위해 이것 또는 이보다 나은 무언가가 아주 만족스럽고 조화로운 방식으로 나타나고 있다"와 같은 광범위한 긍정의 글도 집어넣어야 합니다.

보물지도는 목표에 한 발짝 더 가까이 다가가게 해주는 아주 효과적인 도구입니다. 보물지도를 다 그리고 난 후에는 몇 분씩이라도 매일 차분하게 지도를 들여다봅니다. 그리고 시간 나는 대로 그것을 떠올립니다. 할 일은 이게 전부입니다.

보물지도를 만드는 몇 가지 아이디어

다음은 상상력을 자극하는 보물지도를 만드는 몇 가지 아이디어입니다.

1. 건강을 위한 보물지도

생기가 도는 아름답고 활동적인 모습으로 무슨 활동에든 적극적으로 참여하는 자신의 모습을 그려 넣으면, 완벽한 건강을 얻을 수 있습니다.

2. 아름다운 몸매나 좋은 기분을 위한 보물지도

늘씬하게 쭉 빠진 몸매에 스스로 아름답다고 여기는 자신의 모습을 그려 넣습니다. 아름다운 몸매에 완벽한 분위기를 자랑하는 사람의 사진을 잡지에서 오린 다음, 사진의 몸통 위에 자신의 얼굴 사진을 붙이면 됩니다. 그런 다음 만화처럼 입 주변에 말풍선을 그려 넣고, 그 안에 자신이 하는 말처럼 이렇게 써넣습니다. "몸무게가 45킬로그램밖에 안 나가니까 몸매도 훨씬 예뻐지고 기분도 아주 가뿐해졌어요."

3. 자기 이미지와 아름다움을 위한 보물지도

바라는 그대로의 자기 모습, 아름답고 편안하며 삶을 즐길 줄 아는 따스하고 사랑스러운 자기 모습을 그려 넣습니다. 이런 면을 상징적으로 보여주는 말이나 그림을 그려 넣어도 좋습니다.

4. 친밀한 인간관계를 위한 보물지도

자신의 사진과 함께 친구나 애인, 남편이나 아내, 가족, 동료들의 사진을 보물지도에 붙여 넣습니다. 자신이 이들과 잘 어울리며 행복하게 지내고, 이성관계에서도 깊고 황홀한 만족감을 느끼고 있음을 암시해주는 글이나 상징물, 사진도 함께 붙여둡니다.

새로운 관계를 찾는다면, 미래의 관계에 바라는 점들이 담겨있는 말이나 사진을 찾아봅니다. 그리고 자신이 가장 이상적이라 생각하는 사람의 모습을 그려봅니다.

5. 일이나 직업을 위한 보물지도

유쾌하고 호의적인 동료들과 꿈꾸던 환경에서 충분한 월급을 받으면서(희망하는 액수를 구체적으로 적어 넣어도 좋습니다), 바라던 일을 하는 자신의 모습을 그려 넣습니다. 이 밖에 다른 세세한 사항들까지 포함시키면 더욱 효과적입니다.

6. 창의력을 키우기 위한 보물지도

상상력이 활짝 꽃피고 있음을 보여주는 상징물이나 색깔, 사진 등으로 창조적이고 아름답고 흥미로운 일을 하면서 만족감을 느끼는 자신의 모습을 담아봅니다.

7. 가족과 친구들을 위한 보물지도

가족이나 친구들이 나는 물론이고 그들끼리도 서로 사랑하며 화기애애하게 지내는 모습을 그려봅니다.

8. 신나는 여행을 위한 보물지도

충분한 시간과 돈을 갖고 꿈꾸던 곳에 가서 마음껏 즐기는 모습을 담아봅니다.

이 밖에도 생각나는 것이 있으면 언제든 즐겁게 보물지도를 만들어 봅니다.

✶✶ 건강과
아름다움을 지킨다 ✶✶

건강과 아름다운 몸매를 유지하는 시각화 방법에도 여러 가지가 있습니다. 다른 것들처럼 건강과 매력도 우리의 정신과 마음가짐이 만들어냅니다. 따라서 자신과 세상을 대하는 생각과 태도를 변화시키면, 신체적으로도 대단한 변화를 경험하게 됩니다.

이와 관련해서 보물지도를 만드는 일이 얼마나 효과적인지는 앞에서 이미 설명했습니다. 그러므로 여기서는 필자가 자주 이용하는 다른 방법들을 몇 가지 소개하겠습니다.

✣ 시각화와 긍정화를 병행한다

어떤 종류의 운동이든 시각화와 긍정화를 병행하면 운동의 효과와 재미를 극대화할 수 있습니다. 운동 중에는 물론이고, 앉아서 깊은 명상에 빠져 있을 때나 편안히 휴식을 취할 때도 시각화를 할 수 있습니다.

예를 들어, 가만히 있는 상태에서 뛰고 싶은 마음이 들 때는 지치지도 않고 아주 빠르고 부드럽게 뛰는 자신의 모습을 그려봅니다. 반면에 실제로 뛰고 있을 때는 한 발짝 한 발짝 발을 옮길 때마다 힘들이지 않고 먼 거리를 주파한다고 상상합니다.

휴식을 취할 때는 날이 갈수록 점점 빠르게 바른 자세로 뛰고 있다고 자신에게 암시를 겁니다. 경주에 이기는 것이 목표라면 실제로 경주에서 우승하는 모습을 그려봅니다.

요가나 무용을 할 경우, 온몸의 근육에 정신을 집중합니다. 근육을 부드럽게 풀어주면서 점점 부드럽고 유연해지는 자신의 몸을 그려봅니다.

❖ 아름다움을 위한 일상의 의식

자신의 몸을 특별하게 보살피거나 몸에 좋은 일을 하고 있다는 기분이 들게 해주는 일을 규칙적으로 실행합니다. 시각화를 이용하면, 따분한 일상도 아름다움을 가꾸기 위한 하나의 의식으로 변화시킬 수 있습니다.

예를 들어, 따뜻한 물로 목욕이나 샤워를 할 때는 물이 몸을 부드럽게 풀어주며 완벽하게 치유해준다고 생각합니다. 흐르는 물과 함께 모든 문제들이 스르르 녹아 말끔히 씻겨나가고, 내 안에서 자연스럽게 광채가 뿜어 나온다고 생각하는 것입니다.

그러고 나서 얼굴과 몸에 로션이나 오일을 바를 때는 로션과 함께 사랑을 듬뿍 쏟아 몸에 발라주면서 피부가 점점 매끄럽고 아름다워진다고 암시를 걸어줍니다.

또 머리를 감을 때는 머리칼이 어느 때보다도 건강하고 가늘며 윤기가 흐른다고 암시를 겁니다. 이를 닦을 때는 치아가 건강하고 튼튼하며 하얗고 아름답다는 생각을 합니다. 이렇게 하다 보면, 실제로 점점 아름답고 건강해지는 몸을 느낄 것입니다.

✥ 식사는 몸에 필요한 에너지를 만드는 의식

음식과 관련해서 많은 사람들이 부정적인 생각을 품고 있습니다. 입으로 들어가는 음식이 혹여 뚱뚱하거나 아프게 만들지는 않을까 두려워 하기 때문입니다. 매일 이런 두려움을 안고 꾸역꾸역 음식을 먹으면, 스트레스와 갈등만 쌓이고 결국엔 그토록 두려워하던 비만과 병에 걸리고 맙니다.

그런가 하면 아무 생각 없이 습관적으로 식사를 하는 사람들도 많습니다. 수다 떨랴 이런저런 생각하랴 너무도 분주한 탓에, 느긋하게 음식의 맛과 영양을 음미하지 못합니다.

먹는 행위는 마술적인 의식과도 같습니다. 우주에서 온 다양한 형태의 에너지들이 몸에 필요한 에너지로 변환되는 신비로운 과정인 것입니다. 식사 중에 드는 생각과 느낌도 이런 연금술적인 변화의 일부분입니다. 그러므로 무엇을 먹든 하루 한 번이라도 다음과 같은 의식을 행하는 것이 좋습니다.

음식을 앞에 놓고 조용히 앉습니다. 잠시 두 눈을 감고 심신의 긴장을 푼 다음 깊게 숨을 들이쉬고 내쉽니다. 우주와 세상의 모든 동식물, 이 식탁에 오르기까지 먹을 것들을 키워내고 준비해준 모든 사람들에게 속으로 감사의 말을 전합니다.

이제 눈을 뜨고 눈앞의 음식을 바라봅니다. 모양과 향기를 섬세하게 느껴봅니다. 그런 다음 맛과 향을 최대한 음미하면서 천천히 식사를 합니다.

식사를 할 때는 마음속으로 이렇게 말합니다.

"지금 먹는 음식이 나의 생명 에너지로 변화하고 있습니다. 필요한 것은 모두 내 몸이 알아서 받아들이고, 반대로 해롭고 불필요한 것들은 쉽게 제거해냅니다."

그리고 음식 덕분에 점점 건강하고 아름다워지는 자신의 몸을 그려봅니다. 음식에 대해 과거에 어떤 생각을 갖고 있었건, 이런 의식은 꼭 실행하는 것이 좋습니다. 또 식사는 되도록 천천히 하고, 포만감이 들면 더 먹고 싶은 욕구가 생겨도 단호하게 수저를 놓습니다.

식사를 마친 다음에는, 기분 좋을 만큼 적당히 먹었을 때 위에서 발산되는 유쾌하고도 따스한 열기를 잠시 즐겨봅니다.

이런 자세로 음식을 대하는 횟수가 잦아질수록, 몸은 더욱 건강하고 아름답게 변화합니다. 다음은 이것보다 훨씬 간단한 의식입니다.

잠자리에 들기 직전이나 아침에 눈을 떴을 때 혹은 한가로운 낮 시간에 커다란 컵에 차가운 물을 한 컵 따릅니다. 앉아서 몸과 마음을 편안히 한 다음, 천천히 물을 씹어 삼킵니다.

물을 마시면서 속으로 '이 물은 불로장생약이자 젊음의 샘물'이라고 말합니다. 그리고 '이 물이 몸속의 모든 불순물을 씻어내고, 에너지와 활력, 아름다움과 건강만 불러들인다'고 생각합니다.

❖ 건강하고 아름답게 만들어주는 말

- 날이 갈수록 나는 점점 아름답고 건강해지고 있어.
- 내가 하는 일은 다 건강과 아름다움에 보탬이 되고 있어.
- 내가 먹는 음식들은 전부 아름다움과 건강, 몸매를 가꾸는 데 도움이 되는 것들이야.
- 난 날씬하면서도 튼튼해. 무슨 일을 하든 끄떡없다고.
- 나는 어떤 상황에서도 몸에 좋은 것들만 먹을 거야.
- 난 내 몸이 정말로 원하는 것들에만 허기를 느껴.
- 나를 사랑하고 인정할수록 그만큼 더 아름다워져.
- 지금 그대로의 내 몸을 사랑해.
- 지금 이 모습처럼 난 원래 매력적인 사람이야.

✶✶ 함께 하면
효과가 배가된다 ✶✶

지금까지 소개한 방법들은 대부분 여럿이서도 쉽게 같이 할 수 있는 것들입니다. 여러 사람의 에너지가 모이면 자연히 그 힘은 더욱 커집니다. 때문에 시각화는 여럿이 함께 할 때 더 효과적입니다. 한 사람 한 사람의 에너지가 다른 사람의 에너지를 북돋워주기 때문에, 개개인의 에너지를 합했을 때보다 전체로 어우러졌을 때 에너지의 힘은 더욱 증폭됩니다.

가족이나 친구, 직장 동료 모임, 시민단체나 교회 신도 모임, 워크숍이나 수업 등 어떤 종류의 모임이든, 시각화는 그 단체의 목표를 실현하는 데도 중요한 역할을 합니다. 최소한 회원들 간의 친목을 도모하는 데도 도움이 됩니다.

다음은 여럿이 함께 하는 시각화 방법들입니다.

❖ 노래

자신과 세상에 심어주고픈 감정이나 생각, 태도 등을 담은 노래를 골라서 다 함께 부릅니다. 음악은 변화를 불러오는 아주 강력하고 효과적인 도구입니다.

❖ 명상과 상상

하나의 목표나 이미지를 선택해서 다 함께 앉아 고요한 명상의 상태로 들어간 다음, 목표를 마음속으로 그려보거나 긍정화를 합니다. 엄청난 효과에 입이 딱 벌어지고 말 것입니다.

❖ 보물지도

단체의 목표를 위해 구성원들 각자가 보물지도를 만듭니다. 아니면 구성원들이 힘을 합해 하나의 보물지도를 그려볼 수도 있습니다. 혹은 적당한 사람을 뽑아서 보물지도 그리는 일을 맡겨도 좋습니다.

❖ 긍정화

긍정화를 실행하는 방법에서 설명한 것처럼 서로 짝을 이루어 상대에게 번갈아 가며 긍정의 말을 해줍니다. 아니면 여럿이 함께 큰소리로 긍정적인 말을 반복하는 것도 좋습니다.

❖ 치유

여럿이 함께 하는 치유는 대단히 신비로운 체험입니다. "여럿이 함께 하는 명상 치료"를 다시 꼼꼼히 읽어보세요.

** 따스하고
긍정적인 관계를 맺는다 **

시각화를 가장 가치 있게 활용하는 방법 가운데 하나는 시각화를 통해 관계를 질적으로 발전시키는 것입니다. 사람은 누구나 타인에게 대단히 민감하게 반응합니다. 타인에 대한 생각에 대해서는 특히 더 예민하게 반응하며 커다란 영향을 받습니다. 관계를 형성해주고 이 관계의 유용성 여부를 결정짓는 것도 이런 생각과 밑바탕에 흐르는 태도입니다.

다른 모든 것들과 마찬가지로, 인간관계도 마음속으로 믿고 바라며 '구하는' 그대로 이루어집니다. 그러므로 상대방은 우리의 생각을 비추어주는 거울과 같은 존재들입니다. 마찬가지로 우리 자신은 타인의 생각을 반영해주는 거울의 역할을 합니다. 그러므로 타인들과의 관계는 성숙을 위한 가장 효과적인 도구가 될 수 있습니다. 우리가 맺고 있는 관계들을 정직하게 들여다보면, 우리의 생각이 인간관계를 얼마나 많이 좌우하는지 깨달을 것입니다.

그러므로 자신이 맺고 있는 관계에 대해서 완벽하게 책임지는 자세를 가져야 합니다. 관계를 그런 식으로 이어나가게 된 책임이 상대에게 있는 것처럼 보일 때도 자신에게 책임이 있다고 생각하는 편이 더 바람직합니다.

그리고 관계에서 탐탁지 않은 점들이 있을 때는 왜, 도대체 어쩌다가 관계를 이런 식으로 만들게 되었는지 자신에게 물어봅니다.

그러나 삶에 책임을 지는 것과 자책감에 빠지는 것은 엄연히 다름을 잊지 말아야 합니다. 삶에 책임을 진다는 것은 자신의 삶이나 인간관계에서 발생한 문제를 모두 자기 탓으로만 돌리고 자책해도 된다는 의미가 아니기 때문입니다.

자책감에 빠지기보다는 도대체 어떤 부정적인 생각이 그처럼 불만족스럽고 어두운 관계를 만들어냈는지 꼼꼼히 되돌아보아야 합니다. 그런 불행한 관계에서 얻을 수 있는 이익이 도대체 무엇인지 살펴봐야 합니다.(물론 모든 행위에는 항상 그에 따른 이득이 있기 마련입니다. 그렇지 않다면 결코 그런 행동을 하지 않았을 것입니다.)

가슴속까지 따스하게 덥혀주는 만족스런 관계를 맺고 싶은 열망이 간절하다면, 자신에게 그럴 힘이 있다고 진정으로 믿는다면, 그런 행복과 만족감을 기꺼이 받아들이고 즐길 준비가 되어 있다면, 실제로 그런 관계를 맺을 수 있습니다.

다음은 인간관계를 바라는 대로 이끌어가게 도와주는 지침들입니다.

① 인간관계에서 바라는 것이 무엇인지 면밀하게 되짚어본다.
"이 관계에서 내가 정말로 얻고 싶은 것은 과연 무엇일까?"
신체적인 면에서는 물론, 감정적·정신적인 차원에서도 이 물음의 답을 찾아봅니다. 그리고 이 관계에서 자신이 기대하는 것을 가장 완벽하게 표현해낸 보물지도를 그려보거나 이상적인 상황을 글로 묘사합니다.

② 자신의 어떤 생각과 태도가 관계를 바라는 대로 이룰 수 없게 만드는지 솔직하게 관찰해본다.
마음을 청소하는 방법을 활용하면 더 쉽게 확인할 수 있습니다.
예를 들어 "○○와 만족스런 관계를 맺을 수 없는 이유" 혹은 "이 관계에서 내가 원하는 것을 얻어낼 수 없는 이유"라고 쓴 다음, 그 이유들을 머릿속에 떠오르는 대로 하나하나 나열해봅니다.

③ 긍정화와 시각적인 이미지를 활용해서 부정적인 생각을 변화시킨 다음, 훈훈하고 만족스러운 인간관계를 마음속으로 그려본다.

④ 시각화를 통해 힘들게 꼬여 있는 관계를 풀어준다.

예를 들어, 누군가와 함께 지내는 것이 너무 힘들고 고통스럽다면 다음과 같이 해봅니다.

깊고 평온한 명상 상태로 들어가 그 사람과 허심탄회하게 이야기를 나누는 모습을 그려봅니다. 둘 사이를 가로막고 있는 묵은 감정을 말끔히 씻어내기 위해 필요한 말들을 모두 털어놓는 자신의 모습을 상상하는 것입니다. 그런 다음 가만히 듣고 있던 상대가 마음속에 담아두었던 말을 솔직하게 털어놓는 모습을 떠올립니다.

필요할 때마다 이런 훈련을 반복합니다. 관계를 개선하고픈 바람과 의지가 절실하고 변화를 기꺼이 받아들일 준비가 되어 있다면, 얼마 안 있어 관계가 편안하고 자연스러운 방향으로 호전될 것입니다.

또 상대방도 속마음을 편안하게 주고받을 수 있는 호의적인 사람으로 변화할 것입니다. 양쪽 모두에게 이로운 쪽으로 문제들이 저절로 풀려나가는 것입니다. 물론 이를 위해서는 상대방과 직접 대화를 나눠야 할 수도 있습니다.

⑤ 서로 긍정적인 말을 해주는 것도 관계 개선에 도움이 된다.
물론, 자신이 무엇을 좋아하고 싫어하며 무엇을 원하는지, 솔직하게 상대방과 대화를 나누는 것도 중요합니다.

상대방의 장단점을 놓고 미련하게 계속 불평만 늘어놓기보다는 각자가 조금씩 나아지고 있음을 암시하는 말을 해주는 것이 더 현명합니다. 예를 들어, "○○야, 왜 내가 말하려고 할 때마다 끼어들어서 참견하는 거야?"라고 말하는 대신, "네가 상대의 말을 잘 들어주는 사람으로 서서히 변해가고 있어서 정말 기분이 좋아"라고 말해주는 것이 좋습니다.

그러면 타인의 말도 귀담아 들을 줄 알아야 한다는 사실을 상대에게 더욱 부드럽게 상기시켜 줄 수 있습니다. 뿐만 아니라 나에 대한 상대의 이미지도 변화시킬 수 있습니다.

한창 진행 중인 관계에서 상대에게 특정한 이미지와 역할만을 강요하면서 좀체 그것을 바꾸지 못하는 경우가 허다합니다. 이것은 자신은 물론 상대방까지 네모난 상자 속에 가두어 놓고, 그 위에 떼기 힘든 딱

지를 붙여두는 것이나 마찬가지입니다. 이런 행동이 서로를 제약한다는 사실은 누구나 알 것입니다. 그러나 정작 그 상자에서 빠져나오는 방법은 잘 모르는 것 같습니다.

시각화는 이렇게 굳어진 이미지에서 벗어나 서로 역할을 확장시키도록 도와줍니다. 자신과 상대에게 바라는 새로운 이미지를 마음속으로 그려보며 서로 긍정적인 말을 해주면 됩니다. 모든 사람과 상황 속에 잠재해 있는 변화의 가능성을 믿고, 시각화를 통해 긍정적인 변화의 힘을 북돋워주는 것입니다.

그러나 인간관계는 매우 복합적이라는 사실을 늘 염두에 두어야 합니다. 관계는 내면에서 일어나는 일들을 그대로 반영하기 때문에 문제들이 풀리지 않고 오래 지속될 수도 있습니다. 이것은 더욱 근본적인 치료가 필요하다는 신호입니다. 이럴 때는 도움을 줄 수 있는 정신과 의사나 상담원을 찾아가서 문제의 본질을 파악하는 것이 좋습니다.

제 5 부
이제는
내 인생을
가꿀 때

의미 있는 현현(顯現)은

우리의 의식을 변화, 성장시키는 것 뿐.

어떤 형체와 신의 존재를 드러내 보이며

그의 존재를 더욱 완벽하게 보여주는 것 뿐.

데이비드 스팽글러

** 우주 창조의 주인은 바로 나! **

시각화는 단순한 기법이 아닙니다. 궁극적으로 자각의 상태에 이르는 것입니다. 우주를 창조해내는 주체는 바로 자신이므로 매 순간 우주의 모습에 책임감을 느껴야 한다는 사실을 가슴 깊이 깨닫는 상태에 이르는 것입니다.

우리와 신 사이에는 거리가 없습니다. 누구나 신을 드러내는 우주의 구성원이기 때문입니다. 그러므로 우리에게 부족한 것은 아무것도 없습니다. 억지로 이루거나 끌어들여야 할 것은 아무것도 없다는 말입니다. 필요한 것들을 얻어낼 잠재력은 이미 우리 안에 충분히 있습니다.

시각화를 통한 현시는 우리의 신성한 잠재력을 물질적 차원에서 실현하고 가시화하는 하나의 과정입니다.

** 마음을 따르면
편안하다 **

　　　　　　　　　　모든 사람들의 기본적 욕망 가운데
하나는 개인의 삶을 즐기고 향상시키며 세상을 위해 보탬이 될 만한
일을 하는 것입니다. 누구나 자신만의 독특한 방식으로 세상과 타인들
에게 줄 많은 것들을 갖고 있습니다. 그리고 개인의 행복은 이런 욕망
을 얼마나 잘 실현하며 살아가느냐에 달려 있습니다.

　우리에게는 이 세상에서 꼭 이루어야 할 중요한 소명이 있습니다.
필자는 더욱 숭고한 목표를 발견하는 것이 이 소명이라고 생각합니다.
이것을 이루려면 언제나 온전하고 자연스럽고 완전한 자신으로 존재
하면서, 진심으로 소망하는 어떤 일을 성취해내야 합니다.

　숭고한 목표가 무엇인지는 누구나 가슴 깊이 느끼고 있습니다. 단지
스스로 인정하지 않을 때가 간혹 있을 뿐입니다. 실제로 대다수의 사
람들이 이 목표에서 멀리 도망쳐 자신과 세상을 기만하고 있는 것처럼

보입니다. 그런 사람들은 한갓 두려움 때문에 삶의 진정한 목표를 받아들일 때 주어지는 빛과 힘, 책임감에서 도피하고 있습니다.

그러나 시각화를 하면, 숭고한 목표를 분명하게 인식하고 그것에 부합되는 삶을 살아가게 됩니다. 꿈이나 환상에 자주 등장하는 요소들과 그 속에서 자신이 하는 일들을 잘 관찰해보면, 삶의 토대가 되는 의미와 목표의 실마리를 찾을 수 있을 것입니다.

시각화를 하다 보면, 숭고한 목표를 얼마나 잘 받아들이느냐에 따라 원하는 것을 마음속으로 그리는 능력이 달라짐을 깨닫게 됩니다. 그러므로 아무리 노력해도 원하는 것이 잘 그려지지 않는다면, 자신의 삶과 어울리지 않기 때문일 것입니다. 이럴 때는 인내심을 갖고 마음이 인도하는 대로 따라야 합니다. 나중에 뒤돌아보면 모든 것이 분명하게 이해될 것입니다.

지금 지구는 중요한 변화의 시기를 맞고 있습니다. 진실하고 멋진 자신의 모습을 찾기만 해도, 이런 변화의 시기에 각자에게 맡겨진 몫을 충분히 해낼 수 있습니다.

✳✳ 매 순간이 새로운 기회 ✳✳

저는 저자신이 당당한 예술가라고, 저의 삶 자체가 위대한 예술 작품이라고 생각합니다. 그러므로 삶의 모든 순간이 위대한 창조의 순간이며, 이런 창조의 순간들 속에는 무한한 가능성이 담겨 있습니다.

지금까지 해오던 일들을 과거와 똑같은 방식으로 계속할 수도 있고, 무언가 다른 방법을 찾아 한층 신선하고 색다르며 보람 있는 일을 시도해볼 수도 있습니다. 그러나 궁극적으로 삶의 매 순간은 새로운 기회와 결정의 순간입니다.

아! 삶은 얼마나 재미있는 게임인지! 삶을 통해 모두가 얼마나 멋진 작품을 만들어 내고 있는지!

**간절히 그렇다고 생각하면
반드시 그렇게 된다**

1판 1쇄 발행 2016년 1월 10일
지은이 삭티 거웨인 **옮긴이** 박윤정 **펴낸곳** 북씽크 **펴낸이** 강나루
주 소 서울시 성동구 행당동 192-29 성동샤르망 1019호 **전 화** 070-7808-5465
등록번호 제206-86-53244
ISBN 978-89-97827-74-9 **이메일** bookthink2@naver.com
Copyright ⓒ 2016 삭티 거웨인
＊잘못된 책은 구입처에서 교환해 드립니다